예수님처럼 생각하고 예수님처럼 행동해 봐요

예수님이라면 어떻게 하실까?

예수님처럼 생각하고 예수님처럼 행동해 봐요

예수님이라면 어떻게 하실까?

원작 찰스 M. 셀던 엮음 주경희 그림 이미정

머리말

예수님처럼 생각하고
예수님처럼 행동해 봐요

어린이 여러분은 희망이 넘치는 세상에 살고 있습니다.

하루하루 까맣게 몰랐던 여러 가지 사실을 배우고, 또 그 배운 지식을 다른 친구들과 나누지요. 또한 새로운 생활 속에 새롭게 해야 할 일과 가슴 벅찬 흥분과 새로운 모험을 시작할 것입니다.

이런 희망이 넘치는 환경 속에서 무엇이든 이룰 수 있고, 꿈을 꾸어도 좋겠지만 여러분에겐 매번 선택해야 할 일이 너무나 많습니다. 물론 길잡이가 되어 주시는 분으로 부모님이나 주일 학교 선생님이 계십니다. 또한 학교 선생님이나 친구들로부터 도움을 받기도 하지요. 하지만 매 순간 어떻게 해야 가장 좋은 선택을 할 수 있을까요?

이 책은 바로 그 질문에 대답을 해 줍니다.

이 책을 지은 찰스 M. 셸던은 미국 캔자스 주에서 목사로 일하면서 사회사업가로 활동하기도 했습니다. 1897년에 쓴 이 소설은 무려 110여 년이 지난 지금까지 30여 개의 언어로 번역되어 많은 사람에게 읽히는 아주 유명한 책입니다. 비록 이 책의 배경이 미국 사회이긴 하지만, 참 많은 생각을 하게 합니다.

'예수님이 나처럼 가난하다면 어떻게 하실까?'

'예수님이 나처럼 공부를 못한다면 어떻게 하실까?'

우리 모두가 다 아는 것처럼, 예수님은 십자가에 돌아가시면서까지 온 인류의 죗값을 대신 치러 주셨고, 그로 인해 인류에게 다시 구원의 길이 열어 주셨습니다. 그러니 우리가 '예수님처럼 생각'하고 '예수님처럼 행동'하게 되면 이 세상이 얼마나 아름답겠습니까?

이 책을 통해 어린이 여러분이 그리스도의 참된 사랑과 능력을 체험해 보기를 간절히 바랍니다.

2011년 12월 주경희 선생님이

차례

1. 낯선 남자 *8*
2. 예수님이라면 어떻게 하실까? *22*
3. 레이의 서약 *34*
4. 위기의 데일리 뉴스 *42*
5. 믿음의 길 *56*
6. 오페라가수의 꿈 *66*
7. 렉탱글 사람들 *82*
8. 술 추방 운동 *96*
9. 주의 품으로 *108*
10. 구원과 봉사 *120*
11. 칼빈 브루스 목사님 *128*
12. 그리스도의 세상 *140*

"저는 진정 기독교인들이 예수님의 가르침에 따르는지 의아스럽습니다. 많은 기독교인들이 있지만 제가 3일간 방황하는 동안, 저에게 동정을 보여 주신 분은 오직 여기 계신 목사님뿐이셨습니다."

낯선 남자 1

레이는 아침 일찍 학교 갈 준비를 끝내고, 주방으로 들어섰습니다. 레이의 아버지인 맥스웰 목사님과 어머니 메어리가 이야기를 나누고 있었습니다.

"여보! 나는 오늘 몹시 바쁘니까, 누가 찾아오거든 아주 중대한 일이 아니면 아래층으로 내려올 수 없다고 말해 줘요."

"어쩌죠? 난 오늘 어린이들에게 성경 공부를 가르쳐 주기로 한 날이에요. 그래서 당신이 집을 보셔야 할 것 같은데……."

목사님은 실망스러운 표정을 지었습니다. 레이는 아버지의 모습에서 오늘이 금요일이라는 사실을 금방 알 수 있었습니다. 목사님은 매주 금요일이면 주일 예배의 설교를 준비하느라 신경이 곤두서 있었습니다.

"아빠! 설교 원고가 끝나지 않으신 거죠? 하지만 이번 주도 기대가 돼요. 아빠의 설교 말씀은 늘 은혜롭거든요."

"고맙구나. 네가 그렇게 말해 주니 힘이 생기는걸."

레이는 주일마다 바이올린으로 찬양 연주 봉사를 하고 있었기 때문에 아버지의 설교 말씀을 가까이서 들을 수 있었습니다.

"그런데 레이야! 이 아빠에게 네 바이올린 소리는 언제나 은혜롭지만, 함께 연주하는 형이나 누나에게 민폐를 끼치고 있는 것은 아닌지 모르겠구나. 네가 워낙 어려서 말이야."

"늘 도움을 받고 있지만 저도 연습을 많이 하고 있어요."

"아주 좋은 자세로구나. 오늘 학교에서도 열심히 공부해라. 선생님의 말씀을 주의 깊게 듣고, 훌륭한 것을 배우는 하루가 되길 바란다."

"네, 아빠! 학교 다녀오겠습니다."

레이가 가방을 매고 씩씩한 목소리로 외쳤습니다.

레이가 수선을 피우며 밖으로 나가자, 이내 집 안은 조용해졌습니다. 2층 서재로 올라간 맥스웰 목사님은 방해받고 싶지 않은 마음에 방문을 닫고 책상 앞에 앉았습니다. 그리고 성경책을 펼쳤습니다.

"이를 위하여 너희가 부르심을 받았으니 그리스도도 너희를 위하여 고난을 받으사 너희에게 본을 끼쳐 그 자취를 따라오게 하려 하셨느니라."

이번 주에 인용하려는 성경 구절은 베드로 전서 2장 21절이었습니다. 그리스도가 살아 있을 뿐 아니라, 죽음에 처하여 당한 갖가지 시련과 고난에 초점을 맞추고 있었습니다. 목사님은 언제나처럼 설교 내용을 논리적으로 정리해 나갔습니다. 그때 현관 초인종이 요란하게 울리기 시작했습니다.

맥스웰 목사님이 귀찮은 표정을 지으며 자리에서 일어서자, 다시 한 번 초인종 소리가 요란하게 울렸습니다.

"누구시오?"

현관문을 열자, 남루한 차림의 낯선 남자가 서 있었습니다. 그는 잠시 주춤거리더니, 이내 조심스럽게 이야기를 꺼냈습니다.

"목사님, 저는 직장을 잃었습니다. 목사님이라면 제게 새로운 일자리를 주선해 주실 것이라 믿고 찾아왔습니다."

"미안합니다. 저에게는 그런 도움을 줄 힘이 없군요."

"물론 알고 있습니다. 하지만 목사님에게는 많은 교인들이 있지 않습니까? 그중에는 분명 저에게 일자리를 마련해 주실 분도 계실 겁니다."

낯선 남자의 목소리에는 간절함이 가득 묻어 있었습니다. 그러나 목사님은 남자의 이야기를 들을 여유가 없었습니다. 목사님의 머릿속에는 온통 설교 준비에 대한 생각뿐이었습니다.

"안타깝게도 저희 교회 신도 중에 일자리를 줄 사람은 없을 듯합니다. 아시다시피 요즘 경기가 워낙 안 좋아서 말이죠."

목사님은 말을 끝내고 현관문을 닫으려고 했습니다.

"목사님! 아무, 아무 일이라도 좋습니다."

낯선 남자는 초조하고 난처한 표정을 지으며 말을 더듬거렸습니다.

"미안합니다. 더군다나 저는 지금 설교 준비로 매우 바쁘답니다. 아무쪼록 일거리를 곧 얻게 되기를 진심으로 바랍니다."

목사님은 서둘러 현관문을 닫고, 서재로 들어갔습니다. 마음이 불편했지만, 이런 일로 주일 설교 준비를 망치고 싶지는 않았습니다.

설교의 내용이 완성되자 목사님은 비로소 안도의 한숨을 내쉴 수 있었습니다. 매번 준비하는 설교이지만, 늘 어렵고 떨렸습니다. 어느덧 하루해가 서산으로 기울고 도시에 어둠이 내리고 있었습니다. 레이의 어머니는 집으로 돌아와 저녁상을 준비하기 시작했습니다.

"여보! 오늘 유치원에서 이상한 일이 있었어요. 아이들에게 성경을 가르치고 있는데, 웬 낯선 남자가 교실 안으로 들어오지 뭐예요!"

"낯선 남자가?"

목사님은 놀라는 얼굴로 말했습니다.

"네. 한참 동안 아이들만 바라보더니, 아무 말도 하지 않고 나가 버렸어요."

"엄마! 혹시 그 남자, 몹시 낡은 모자를 쓰고 있지 않았나요?"

레이가 식탁에 앉으며 물었습니다.

"맞아. 레이, 너도 본 모양이로구나."

"아침에 학교에 갈 때, 그 아저씨가 자꾸 우리 집을 바라보고 있었어요. 모습이 너무 초라하고 더러워서 꼭 거지처럼 보였어요."

레이의 말에 목사님은 생각에 잠기는 듯했습니다.

"아빠! 설교 준비는 다 끝나셨어요?"

"다 끝났단다. 그런데 레이, 오늘은 좀 늦었구나."

"오후 3시에 학교 수업을 마치고 제니퍼와 도서실에서 책을 읽었어요."

"제니퍼는 교회에 다니고 있니?"

목사님이 레이를 바라보며 물었습니다.

"레이먼드로 이사 와서 우리 교회에 나오고 있어요."

"그래? 그나저나 이번 주일에는 날씨가 맑았으면 좋겠구나. 비가 오면, 예배에 참석하는 신도의 수가 눈에 띄게 줄어드니 말이다."

"많이 오실 거예요, 아빠."

레이가 활짝 웃으며 말했습니다.

"레이 말이 맞아요. 하나님이 함께하실 거예요."

격려와 용기를 주는 가족 덕분에 맥스웰 목사님의 기분이 좋아졌습니다.

주일 아침은 무척이나 화창했습니다. 공기는 맑았고 하늘도 구름 한 점 없었습니다. 레이는 주일 예배에 참석하기 위해, 일찍 교회로 갔습니다. 그리고 교인들이 오기 전에 미리 찬양대와 연주를 맞춰 보았습니다. 교회 안은 비싼 옷차림에 여유가 있어 보이는 유복한 사람들로 꽉 메워졌습니다.

제일교회는 돈으로 살 수 없는 최고의 찬양대와 오케스트라를 보유하고 있었습니다. 예배가 시작되자, 가장 먼저 오케스트라에 맞춰 찬양대가 아름다운 노래로 찬양을 했습니다. 물론 오케스트라 안에는 가장 나이 어린 레이가 앉아 바이올린을 켜고 있었습니다. 대성전은 기쁨과 감격으로 가득 찼습니다. 힘차면서도 섬세한 연주와 찬양대의 합창은 하나님을 향한 진실한 고백으로 충만했습니다. 찬양대의 노래가 끝나자, 뮤지컬 배우가 꿈인 레이첼 윈슬로우가 교인들 앞에 섰습니다. 찬송가를 부르는 레이첼의 음성은 마치 천상의 목소리 같았습니다.

　노래가 끝나자, 목사님은 성경책과 함께 설교할 내용이 적힌 원고를 강대상 위에 펼쳐 놓았습니다. 그리고 또박또박 원고를 읽어 나갔습니다. 목사님은 언제나 원고의 내용을 벗어난 설교를 하지 않았습니다. 행여 논점에서 벗어난 이야기를 한다면, 그것은 신도들에 대한 예의가 아니라고 생각했습니다. 더군다나 제일교회 신도들의 대부분은 사회적으로 높은 지위에 있는 사람들이었습니다. 완벽하게 정리된 원고에 따라 설교를 하는 것이야말로, 교인들의 사회적 지위에 걸맞은 것이라고 목사님은 생각했습니다.

어느덧 설교가 끝나고, 주일 예배의 마지막을 장식할 차례였습니다. 목사님이 강대상에서 물러나고 찬양대가 마지막 찬송을 부르기 시작했습니다. 그때, 조용했던 교회에 난데없이 낯선 남자의 목소리가 울렸습니다.

"내 죄 속해 주신 주께 힘과 정성 다하니……."

그 소리는 교회 뒤쪽, 어두운 구석에서 들려왔습니다. 그리고 발자국 소리와 함께 목소리의 주인공이 모습을 드러냈습니다.

"저는 실직자입니다. 저에게 잠시 이야기할 기회를 주십시오."

낯선 남자의 등장에 교회 안은 웅성거리기 시작했습니다. 그런데 교인들보다 더 놀란 것은 맥스웰 목사님과 레이였습니다. 낯선 남자는 다름 아닌 이틀 전에 보았던 그 사람이었습니다.

"저는 술에 취하지도 미치지도 않았습니다. 예배가 끝나기 전에 하고 싶은 말이 있어서 여러분 앞에 섰습니다. 저는 본래 숙련된 인쇄 기술자였습니다. 그런데 새로운 방식의 인쇄기가 발명되면서 직장을 잃었습니다. 그리고 새로운 일자리를 구하기 위해 떠돌았습니다. 그런데 이 나라에는 저와 같은 처지에 놓인 사람들이 참 많더군요. 콜록 콜록!"

남자는 잠시 말을 멈추고 기침을 해 댔습니다.

"굶주림에 지친 저의 아내는 4개월 전 세상을 떠났습니다. 그리고 제 아이는 제가 직장을 구할 때까지, 한 인쇄공의 집에서 지내게 되었습니다. 오늘 목사님은 예수님의 발자취를 따라야 하며 그 발자취는 '순종, 믿음, 사랑, 본받음'이라고 강조하셨습니다. 그런데 마지막에 강조하신 '본받음'에 대해서는 그 뜻을 말씀하지 않으셨습니다. 여러분, 예수님의 발자취를 따른다는 것이 과연 무엇입니까? 이 나라에는 많은 기독교인들이 살고 있습니다. 그들은 좋은 집에서 호화로운 생활을 하면서도 예수님의 길을 따르겠노라고 합니다. 저와 제 가족이 지내던 셋방의 주인도 기독교인이었습니다. 저는 진정 기독교인들이 예수님의 가르침에 따르는지 의아스럽습니다. 많은 기독교인들이 있지만 제가 3일간 방황하는 동안, 저에게 동정을 보여 주신 분은 오직 여기 계신 목사님뿐이셨습니다."

목사님의 얼굴이 붉어졌습니다. 마치 자신을 비꼬는 것처럼 느껴졌습니다.

"가난한 사람들이 굶주림에 허덕이는 동안, 교회 안에서 기도를 하고 찬송가를 부르는 것이 진정 예수님의 발자취를 따르는 것입니까? 예수님이라면 과연 어떻게 하셨을까요? 만약 모든 기독교인들이 그들이 부르는 찬송가의 가사대로 살아간다면, 저와 같이 고통스러운 삶을 사는 사람들이 왜 존재하는 것일까요?"

남자는 흥분한 듯 울부짖으며 말했습니다. 그리고 몸을 비틀거리며 목사님 쪽으로 걸어갔습니다. 그러나 얼마 못가 앞으로 고꾸라지고 말았습니다.

"이… 이보시오! 괜찮으시오?"

의사인 웨스트 박사님이 황급히 그 남자를 부축했습니다. 그 사이, 목사님은 서둘러 예배를 마무리 지었습니다.

"남자의 말을 참작하여, 오늘 예배는 여기서 마치겠습니다."

맥스웰 목사님은 남자에게로 달려갔습니다. 어린 레이도 따라갔습니다. 의사인 웨스트 박사님은 남자의 맥박을 살피더니 안도의 한숨을 내쉬었습니다.

"목사님! 심장 마비 증세입니다. 하지만 아직 숨은 붙어 있습니다!"

"목사님, 저희는 목사님의 결심에 동참하기로 했습니다. 하지만 그 전에 한 가지 질문이 있습니다. 우리 모두는 '예수님이라면 어떻게 하실까?'라는 질문에 대답할 만한 지식을 갖추고 있지 못합니다. 더군다나 지금은 예수님이 살아 계실 때와는 상황이 많이 다릅니다. 과연 우리 중에 그 누가 예수님의 뜻을 올바로 헤아릴 수 있을까요?"

2
예수님이라면 어떻게 하실까?

레이의 아버지인 맥스웰 목사님, 그리고 몇몇 교인들과 웨스트 박사님은 긴 소파에 누운 채 괴롭게 숨을 몰아쉬고 있는 낯선 남자를 걱정스럽게 바라보았습니다. 레이도 숨을 죽이고 서 있었습니다.

"조금만 몸을 챙겼더라도 이 지경까진 되지 않았을 텐데. 더 이상 이 사람을 여기에 둘 수는 없을 것 같습니다. 좀 더 편안 곳으로 데려가야 할 것 같은데… 이 사람을 맡아 보살필 사람이 있나요?"

진찰을 마친 웨스트 박사님은 긴 한숨을 내쉬며 말했습니다. 그때 천사같이 아름다운 레이첼 윈슬로우가 나서며 말했습니다.

"제가 보살피겠어요. 분명 어머니도 이 사람이 머무는 것을 기꺼이 허락하실 거예요."

"레이첼의 진심 어린 호의에 감사합니다. 하지만 제가 보살피도록 하겠습니다. 일전에 이 사람이 제게 도움의 손길을 요청한 적이 있었지요."

목사님이 레이첼을 바라보며 말했습니다.

"저도 돕겠습니다."

어른들 틈에 서 있던 레이가 나섰습니다. 들것이 도착하고 의식을 잃은 남자는 결국 목사관으로 옮겨졌습니다.

목사님은 남자 곁을 지키며 말동무도 해 주고 간호를 도맡아 했습니다. 그 덕분인지, 남자의 건강도 점차 호전되는 듯 보였습니다. 열두 살의 개구쟁이 소년 레이 또한 최선을 다해 목사님을 도왔습니다.

"아빠! 오늘밤은 아저씨 옆에 제가 있을게요. 좀 쉬세요."

"레이, 네가 어떻게? 내일 학교도 가야 하잖니."

"학교에서 정한 사회봉사도 30시간 하는데, 이 정도는 문제없어요. 아빠는 며칠 동안 잠도 못 주무셨잖아요. 어서 들어가서 눈 좀 붙이고 나오세요."

목사님은 피곤한 몸을 이끌고 방을 나갔습니다. 레이는 따뜻한 물로 남자의 손을 닦아 주고, 성경책을 읽어 주면서 밤을 지냈습니다.

'이 아저씨는 왜 이 지경이 되도록 병원에 가지 않았을까?'
레이의 눈에는 남자가 너무 불쌍해 보였습니다.

사택으로 옮긴 지 사흘이 되는 날, 웨스트 박사님은 남자의 병세가 다소 좋아지긴 했지만 그래도 살아날 가망은 없다고 말했습니다.

"목사님, 죽기 전에 제 딸을 보고 싶습니다."

"죽다니 그게 무슨 말이요? 당신은 꼭 건강을 되찾을 수 있습니다."

맥스웰 목사님은 남자가 반드시 건강을 회복하리라 믿었습니다. 그런데 주말이 다가오면서 남자의 건강이 급격히 악화되기 시작했습니다.

"아무래도 마음의 준비를 하셔야 할 것 같습니다."

남자를 진찰한 박사님은 힘없이 청진기를 내려놓으며 말했습니다.

"오, 하나님!"

남자를 간호하느라 수척해질 대로 수척해진 목사님은 몸을 비틀거리다 그만 그 자리에 주저앉고 말았습니다. 그 순간, 목사님의 뇌리에 남자의 간절한 부탁이 스쳐 갔습니다.

"레이! 레이!"

방에서 나온 레이는 맥스웰 목사님 곁으로 갔습니다.

"왜요, 아빠?"

"당장 아저씨의 딸을 데려와야겠다."

"네?"

그때였습니다. 남자가 거의 죽어 가는 소리로 말했습니다.

"목사님께서 베풀어 주신 은혜에 감사드립니다. 목사님의 모습에서 예수님을 뵌 것 같습니다. 어쩌면 예수님께서도 목사님처럼 해 주셨을 겁니다."

목사님은 남자의 손을 잡으며 간절히 기도했습니다.

"하나님! 하나님! 이 사람에게 힘을 주시옵소서!"

그러나 남자는 이미 운명을 예감한 듯 보였습니다. 그러고는 간신히 입을 열어 마지막 말을 전했습니다.

"목사님! 이 세상에서 내 딸을 만나기는 틀린 것 같습니다."

남자는 그렇게 말하고 다시 눈을 감았습니다. 그리고 잠시 후, 남자의 맥박을 살피던 박사님은 고개를 떨어뜨렸습니다.

"그는 이미 세상을 떠났습니다."

레이의 눈에서 눈물방울이 하염없이 쏟아졌습니다. 한 주간

동안 병간호를 한 흔적이 역력한 목사님의 눈에서도 눈물이 쏟아지고 있었습니다.

잔인했던 새벽이 지나고 일요일 아침이 밝았습니다. 여느 때와 마찬가지로 아침 일찍부터 많은 교인들이 교회로 몰려들었습니다. 교회의 분위기는 전 주와 크게 다르지 않았습니다. 달라진 것이라고는 유난히 수척해진 목사님의 모습뿐이었습니다. 찬양대의 찬송이 끝난 뒤, 목사님은 강대상 앞에 서서 설교를 시작했습니다. 그런데 목사님이 서 있는 강대상 위에는 늘 펼쳐 놓던 설교 원고가 보이지 않았습니다.

"저길 좀 봐. 이상하네. 오늘은 목사님이 설교 원고를 읽지 않으셔. 주일 내내 남자를 간호했다던데, 원고를 준비할 시간이 없었던 것 같지?"

"글쎄, 오늘 새벽에 죽은 그 남자의 이야기를 하시려는 건 아닐까?"

교회 앞자리에 앉은 교인들의 이야기 소리가 레이에게 들려왔습니다. 그러나 목사님의 설교는 여느 때와 크게 다르지 않았습니다. 뿐만 아니라 지난 새벽에 세상을 떠난 남자의 이야기는 언급조차 하지 않았습니다. 어느덧 설교는 끝나고 목사님은 성경책을 편 후 성경 구절을 하나 읽기 시작했습니다.

"여러분이 부르심을 받은 것은 그리스도의 발자취를 따라오게 하시려는 것입니다. 그리스도께서도 여러분을 위하여 고난을 받으시고 여러분에게 본보기를 남겨 놓으셨습니다."

목사님은 강단에서 내려온 뒤 천천히 교인들 앞으로 다가섰습니다.

"지난 주 우리 앞에 왔던 남자는 오늘 새벽 세상을 떠났습니다. 이제 저는 그 남자가 말했던 '예수님을 따른다는 것은 무엇을 의미하는가?'란 질문에 대한 답을 생각해 보지 않을 수 없습니다. 하지만 저는 그 질문에 대한 답을 얻지 못했습니다. 대신 남자의 질문에 대한 답을 알아낼 계획을 여러분 앞에서 제안하고자 합니다. 그 제안이란……."

목사님은 머뭇거리며 교인들의 얼굴을 찬찬히 살폈습니다. 제일교회 신도들 중에는 레이먼드 시에서 저명한 인사들이 많았습니다. 가장 먼저 눈에 띈 사람은 레이먼드 데일리 뉴스의 편집인인 에드워드 노먼이었습니다. 그는 10년 전부터 제일교회의 신도였습니다. 에드워드 노먼 뒤편에는 레이먼드 철도 공작소 소장인 알렉산더 파워즈와 레이먼드 교외에 자리 잡은 링컨 대학의 도널드 마쉬 학장의 모습도 보였습니다. 또 레이먼드에서 손꼽히는 부자인 밀턴 라이트와 최근에 자신의 아버지로부터 수백만 달러의 유산을 상속받은 버지니아 페이지도 있었습니다. 이 밖에 소설을 크게 히트 시킨 젊은 소설가 야스퍼 체이스와 외과 분야의 권위자인 웨스트 박사님의 모습도 보였습니다. 그 누구보다 눈에 띄는 레이첼 윈슬로우 역시 보였습니다. 모두가 제일교회의 열렬한 신도였으며, 맥스웰 목사님을 마음속 깊이 신뢰하고 있는 사람들이었습니다.

"앞으로 1년 동안 저는 '예수님이라면 어떻게 하실까?'라는 질문에 대한 답을 얻기 위해 살 것입니다. 모든 선택을 예수님 입장에서 판단할 것이며, 예수님의 가르침대로 행동할 것입니다. 물론 예수님의 길을 따르는 것은 결코 쉬운 일이 아닐 것입니다. 엄청난 고난의 길이 되겠지요. 하지만 저의 이런 결심은 결코 황당하지도, 실현 불가능한 것도 아닐 것입니다. 그리고 이런 저의 생각에 여러분들도 동참해 주시길 바랍니다. 만약 저와 함께 예수님의 길을 따를 지원자가 있다면, 예배 후 따로 남아 주시기 바랍니다."

예배가 끝나자 교인들은 웅성거리기 시작했습니다. 대부분이 목사님의 제안을 도무지 이해하지 못하겠다는 표정이었습니다. 그리고 교인들은 하나둘 교회를 빠져나가기 시작했습니다.

예배당을 나온 목사님은 서재에서 간절히 기도했습니다.

'부디 많은 신도들이 저의 뜻에 동참하게 해 주십시오. 설령 아무도 따르지 않더라도 저는 앞으로 예수님의 길을 걷기로 맹세합니다.'

기도를 마친 목사님이 서재를 나와 다시 예배당으로 돌아온 것은 한참 후였습니다. 교인들이 빠져나간 예배당은 쥐 죽은 듯이 고요했습니다. 목사님은 물론이고 어린 레이 역시 실망감을 감추지 못했습니다. 그런데 그때였습니다. 꽤 많은 사람들이 예배당 안으로 들어왔습니다. 맥스웰 목사님은 벅찬 표정을 감추지 못했습니다.

"목사님, 저희는 목사님의 결심에 동참하기로 했습니다. 하지만 그 전에 한 가지 질문이 있습니다. 우리 모두는 '예수님이라면 어떻게 하실까?'라는 질문에 대답할 만한 지식을 갖추고 있지 못합니다. 더군다나 지금은 예수님이 살아 계실 때와는 상황이 많이 다릅니다. 과연 우리 중에 그 누가 예수님의 뜻을 올바로 헤아릴 수 있을까요?"

가장 먼저 레이첼이 물었습니다. 그런데 이 질문은 이미 목사님도 예상하고 있던 질문이었습니다.

"그 답은 알지 못합니다. 저 또한 그 답을 알고자 예수님의 입장에서 살아 보기로 결심한 것이니까요. 다만 지난날 예수님이 보여 주신 행동이 모두가 따라야 하는 모범이라면, 오늘날에도 따를 수 있는 모범이라고 생각합니다."

"아무리 그렇다고 해도 모두가 생각하는 예수님의 모습은 저마다 조금은 다를 것입니다. 그렇다면 그 결과 또한 모두 다르지 않을까요?"

이번에는 야스퍼 체이스가 물었습니다.

"결과에 구애될 필요는 없습니다. 예수님의 입장이 되어 행동하고 살아가면 됩니다. 설령 그 결과가 나쁘더라도, 그것 역시 하나님의 뜻일 테지요."

목사님의 확신에 찬 표정은 모두를 설득시키기에 충분했습니다. 마침내 모두가 수긍하자 목사님은 교인들의 손을 잡고 기도를 제안했습니다.

"우리가 예수님의 뜻을 알 수 있는 방법은 성령을 통해서뿐입니다. 성령을 통해 여쭈어 보고 그 대답을 받은 다음에는 그 결과가 우리에게 어떠한 영향을 줄 것인지 구애받지 말고 행동합시다."

기도를 하는 목사님의 눈가에는 뜨거운 눈물이 흘렀습니다. 지난 새벽 세상을 떠난 남자를 떠올리고 있었습니다.

'우리에게 지혜를 준 당신의 용기에 진심으로 감사드립니다. 우리는 결코 당신을 저버리지 않을 것입니다.'

"레이! 이 엄마는 아빠의 말씀을 듣고 아주 귀중한 깨달음을 얻었단다. 교회를 다니고는 있었지만, 사실 교인으로서 해야 할 일을 실천하지 못한 게 많았거든. 물론 쉽지는 않을 거야. 하지만 예수님의 발자취를 따르면서 어려움을 참고 견디다 보면 언젠가는 더 큰 만족을 얻게 되지 않겠니?"

3
레이의 서약

거실로 들어온 맥스웰 목사님이 소파에 앉아 있는 레이를 나즈막히 불렀습니다.

"레이, 잠깐 나와 이야기를 나누지 않겠니?"

그러고는 열두 살의 레이를 봄 햇살과도 같은 따뜻한 시선으로 바라보았습니다. 레이를 바라보는 목사님의 눈동자에는 아버지로서의 애정이 듬뿍 담겨 있었습니다.

"많은 교인들이 '예수님이라면 어떻게 하실까?'라는 질문을 가지고, 매일의 삶에서 그분의 방식을 본받아 행동하기로 서약을 하기로 한 것 말이다. 난 너에게도 이 일을 진심으로 권하고 싶은데."

"아빠! 저처럼 어린아이도 할 수 있나요?"

"물론이지. 이건 전혀 유별난 일이 아니란다. 너의 모든 생활 속에서 일단 '이 경우에 예수님이라면 어떻게 하실까?'라고 생각을 해 보는 거야. 그런 후 그 행실을 그대로 실천해 보는 거지."

"하지만 생각만 해도 어려울 것 같은데⋯⋯."

"레이! 어려운 일이라니, 넌 아직 해 보지도 않았잖니. 하나님의 말씀을 네 삶에 적용시키면서 하루하루를 보내는 거야. 내가 너에게 권하는 것은 이 서약을 통해 좀 더 신중하고 사려 깊고 바른 사람으로 성장할 것이라는 확신을 가지고 있기 때문이란다."

"그럼 지금 서약을 해야 하나요?"

"서두를 것 없단다, 레이. 잘 생각해 보고, 이 아빠에게 네 결심을 귀띔해 주렴. 그러나 결심을 하고 서약을 했다면, 엄청난 희생이 따르더라도 자기가 한 맹세나 원칙대로 살아야 한다는 걸 명심하렴."

목사님의 음성은 나지막했지만 분명했고 힘이 있었습니다.

"네, 아빠. 깊게 생각해 본 뒤 말씀드릴게요."

레이는 2층으로 올라가 방문을 닫았습니다. 그리고 책상에 앉아 손톱을 잘근잘근 깨물며 골똘히 생각에 열중했습니다.

'휴우, 내가 정말 할 수 있을까? 어른들이라면 몰라도⋯ 내가

어떻게?'

레이는 자기도 모르게 가벼운 한숨이 터져 나왔습니다.

"예수님이라면 어떻게 하실까?"

레이는 혼잣말로 중얼거렸습니다.

'이것은 보통 일이 아니야. 아무나 서약하는 게 아니라고! 정말로 힘든 약속이 될지도 몰라. 어떻게 예수님처럼 살 수 있어? 내가 과연 근면하고 성실하게, 공부 열심히 하며 거짓말 하지 않고 살 수 있을까?'

레이는 고개를 절레절레 흔들었습니다. 그동안의 고정 관념과 습관과 행동을 바꿀 자신이 없었습니다. 모태 신앙인 레이는 부모님을 따라 교회에 나가고 있지만, 그건 너무나 자연스러운 습관이었고 당연한 일이었을 뿐, 믿음에 대해 깊게 생각해 본 적이 없었습니다. 레이는 여러 가지 생각으로 머리가 복잡해지자, 방을 나와 어머니가 있는 주방으로 갔습니다.

"왜 그러고 서 있어? 엄마한테 할 말이 있는 거야? 너 혹시 예수님이라면 어떻게 하실까를 생각하고 있는 거 아니니?"

"어떻게 아셨어요?"

"엄마도 서약을 했는걸? 예수님의 가르침을 따르는 건 교인으로서 당연한 거 아니니?"

레이는 묵묵히 듣고 있었습니다.

"너도 아빠의 제안에 동참하면 좋을 텐데."

"그런데 엄마, 그게 확신이 서질 않아요. 제가 정말 해낼 수 있을까요?"

레이를 바라보는 어머니의 얼굴에 잔잔한 미소가 번졌습니다.

"레이! 이 엄마는 아빠의 말씀을 듣고 아주 귀중한 깨달음을 얻었단다. 교회를 다니고는 있었지만, 사실 교인으로서 해야 할 일을 실천하지 못한 게 많았거든. 물론 쉽지는 않을 거야. 하지만 예수님의 발자취를 따르면서 어려움을 참고 견디다 보면 언젠가는 더 큰 만족을 얻게 되지 않겠니?"

어머니의 이야기는 끝이 났지만 레이는 아무 말이 없었습니다.

'예수님이라면 망설임 없이 서약을 하셨을 거야.'

레이는 순간 자신의 영혼이 이 질문에 사로잡혀 있음을 느끼고 있었습니다.

"레이! 너도 서약할 거지?"

어머니의 말에 레이는 작은 소리로 대답했습니다.

"엄마! 조금만 더 생각해 보고요."

그날 저녁 레이는 숙제를 팽개쳐 둔 채 책상 앞에 앉아 있었습니다. 그때 따르릉 전화벨이 울렸습니다. 친구 제니퍼였습니다.

"레이! 뭐 하고 있니?"

수화기 너머로 같은 반 친구인 제니퍼의 목소리가 들렸습니다. 제니퍼는 내일 학교에서 하게 될 과학 실험에 대해 물었습니다. 그런데 레이는 그 이야기에 집중할 수가 없었습니다. 그러고는 뜬금없이 제니퍼에게 물었습니다.

"제니퍼! 넌 우리가 생활 속에서 '예수님이라면 어떻게 하실까?' 하는 질문을 하면서 살 수 있을 것 같니?"

"그게 무슨 소리야? 레이, 자세하게 얘기 좀 해 봐."

"오늘 아빠가 나에게 제안한 거야."

레이는 제니퍼에게 자초지종을 털어놓았습니다. 이야기를 하는 동안 주저했던 마음이 조금 부끄럽기도 했지만 한편으로는 마음이 편했습니다.

"레이! 내 생각엔 서약을 한다면 교회 생활은 물론이고, 학교 생활을 충실히 할 수 있을 것 같아. 새로운 꿈과 희망이 생길 것 같기도 하고 말이야."

"제니퍼! 넌 그렇게 생각한단 말이지?"

"응. 나도 함께하면 안 될까?"

"정말?"

순간 레이는 두려웠던 마음이 사라지고 따뜻하고 밝은 희망이 가슴속으로 번져 갔습니다. 기도의 열망이 일어났습니다.

"고마워, 제니퍼!"

"고맙다니 그게 무슨 소리야?"

"솔직하게 말하면, 난 많이 망설였거든. 근데 믿음을 통해 부모님들이 느끼는 평안과 기쁨을 나도 느끼고 싶다는 생각이 지금 마구마구 들고 있어. 다 네 덕분이야. 고마워, 제니퍼. 내일 보자."

레이는 이번 기회가 자신의 신앙에 큰 전환점이 될 것 같았습니다. 그 전환점의 일등 공신이 바로 제니퍼였습니다. 책상 앞에 앉은 레이는 서약을 해서 그 약속을 지키겠노라고 다부지게 마음먹었습니다.

"이보게, 왜 예수님의 입장에서 행동하는 것이 현실과 맞지 않다고 생각하는가?
모두가 예수님의 뜻에 따라 행동한다면 이 세상은 진정으로 살기 좋은 곳이 될 것이네."

4

위기의
데일리 뉴스

레이는, 어제까지는 늦잠을 자고 무릎이 툭 튀어나온 청바지를 입고, 헝클어진 머리를 휘날리며 잠이 덜 깬 흐리멍덩한 표정으로 학교를 갔었다 하더라도, 오늘부터는 깨끗한 셔츠와 단정한 머리를 휘날리며 미소 가득한 얼굴에 우아한 걸음걸이로 등교를 하고 싶었습니다. 그도 그럴 것이 오늘이 바로 레이가 '예수님이라면 어떻게 하실까?'라는 질문을 하며 살기로 서약한 첫날이었습니다. 레이는 오늘부터 뭔가 달라져야 한다는 의무감에 사로 잡혔습니다.

"레이! 레이!"

레이가 뒤를 돌아보자 대니가 빠르게 뛰어오고 있었습니다.

"레이! 너 그거 알아?"

"뭘 말이야?"

"레이먼드 데일리 뉴스 말이야."

대니의 말에, 레이는 점잖고 믿음이 좋은 에드워드 노먼 사장님이 떠올랐습니다.

"데일리 뉴스? 알지. 그런데 왜?"

대니는 어처구니가 없다는 표정을 지으며, 어제의 일을 들려주었습니다.

어제 저녁, 레이먼드 시의 거리는 사람들로 분주했고, 신문팔이 소년들과 함께 아르바이트를 하는 대니도 신문 뭉치를 한 아름 가득 안고 사람들 사이에서 신문을 외치고 있었습니다.

"신문 사세요, 신문. 데일리 뉴스에 어제 유원지에서 열린 프로 복싱 기사가 특집으로 아주 상세하게 실렸습니다."

복싱 경기가 있는 다음날에는 신문이 불티나게 팔리곤 했습니다. 물론 신문팔이 소년들은 데일리 신문에 복싱 기사가 실리지 않았다는 사실을 전혀 알지 못했습니다. 때문에 신문을 사간 손님이 소년에게 항의했을 때, 당황하지 않을 수 없었습니다.

"도대체 복싱 기사가 어디에 실렸단 말이니? 내가 신문을 산 것은 복싱 경기 기사를 보기 위해서야. 다른 신문으로 바꿔 주든지 아니면 돈을 돌려줘."

"그럴 리가요? 데일리 신문에 복싱 경기 기사가 실리지 않았을 리가 없잖아요."

"내 말이 바로 그 말이다. 그런데 이상하게도 오늘 데일리 신문에는 복싱 기사가 어디에도 실리지 않았단다. 자, 봐라."

이런 일은 대니뿐 아니라 레이먼드 곳곳 신문팔이 소년들에게 일어났습니다. 그리고 신문을 팔지 못한 신문팔이 소년들은 데일리 뉴스 신문 보급소로 몰려갔습니다.

"복싱 경기 기사가 실리지 않은 데일리 신문은 단 한 부도 팔 수가 없었어요. 오늘 하루 딱딱한 보리빵 한 조각 살 돈도 벌지 못했단 말이에요."

당황스럽기는 데일리 신문 보급소장도 마찬가지였습니다.

"맙소사! 왜 복싱 기사가 실리지 않은 거지? 하지만 나로서도 어쩔 수 없단다. 너희들의 사정은 딱하지만, 내가 너희들의 신문을 모두 사 줄 수는 없는 노릇 아니겠니?"

"그럼 어떡해요? 동생한테 따뜻한 빵을 사 가기로 약속했단 말이에요."

대니와 신문팔이 소년들은 당장 하루의 끼니를 걱정해야 하는 신세였습니다. 더군다나 대니에게는 부양해야 할 식구들도 있었습니다. 소년들의 눈가에는 어느새 눈물이

가득 맺혔습니다. 그런데 때마침 퇴근을 하기 위해 건물 밖으로 나온 노먼 사장님을 만난 것입니다.

노먼 사장님은 보급소 사장에게 다가가 말했습니다.

"이 아이들에게 오늘 입은 손해를 보상해 주게. 신문에 복싱 기사를 내보내지 말도록 한 것은 순전히 나의 선택이었네."

대니가 용기를 내어 노먼 사장님께 물었습니다.

"사장님! 왜 복싱 기사가 실리지 않은 건가요?"

"얘들아, 미리 말해 주지 못해서 미안하구나. 하지만 앞으로도 우리 신문에는 더 이상 복싱 경기에 관한 기사는 실리지 않을 거야. 대신 그 자리에는 하나님의 은총이 가득한 기사들로 넘쳐 날 거란다."

대니는 사장님의 이야기를 레이에게 들려주면서, 정말로 어처구니가 없다고 말했습니다. 앞으로 복싱 경기 기사가 실리지 않는다면 신문은 팔리지 않을 것이 뻔했습니다. 그도 그럴 것이 당시 프로 복싱의 인기는 엄청났습니다.

대니가 레이에게 물었습니다.

"레이, 너도 알지? 프로 복싱은 독자들이 가장 관심 있어 하는 스포츠라는 거. 그런 프로 복싱 기사를 싣지 않는다니 그게 말이 되니? 그런데 노먼 사장님이 그런 결정을 내리신 것은 네가 다니는 교회 때문이라면서?"

대니는 원망이 잔뜩 섞인 목소리로 이야기했습니다. 분명 에드워드 노먼 사장님이 맥스웰 목사님의 뜻에 동참하기로 맹세한 뒤 생긴 일이라는 것을, 레이는 눈치챌 수 있었습니다.

"대니! 노먼 사장님은 그 길이 많은 사람들을 행복하게 만드는 길이라는 것을 믿고 실천에 옮기신 걸 거야."

"행복? 야, 당장 신문이 팔리지 않아 먹을 것이 없는데도? 그런데 그것뿐이 아니야. 프로 복싱뿐만 아니라 살인 사건과 폭력 사건과 같은 사회에 악영향을 줄 수 있는 내용의 기사도 싣지 않는다는 거야. 데일리 뉴스를 기독교의 원리에 맞는 신문으로 바꾸어 나간다고 하던걸!"

"정말?"

레이는 대니의 이야기를 들으면서 놀라고 있었습니다.

"노먼 사장님께서 예수님의 가르침과 어긋난 일을 안 하시려고 그랬을 거야. 물론 어른들이 하시는 일이라, 내가 뭐라고 말할 수는 없지만 예수님의 입장에 서서 신문을 발행하는 것만큼 좋은 신문이 어디 있겠니? 지금 당장은 불만이 있을 수 있지만, 곧 그 전처럼 많은 독자들을 확보할 수 있을 거야."
"아니! 데일리 뉴스는 이제 곧 파멸의 구렁텅이로 내몰리게 될 거야."

대니의 말은 너무나 확신에 차 있었습니다. 그런 대니의 말이 씨가 되듯, 며칠이 지나지 않아 데일리 뉴스에 위기가 다가오고 있었습니다. 노먼 사장님이 기독교의 원리에 맞는 신문으로 바꾸어 나가자 독자들의 항의가 빗발쳤습니다. 그뿐만이 아니었습니다. 광고주들의 항의도 빗발쳤습니다. 더 나아가 광고주 사이에서는 데일리 뉴스가 얼마 가지 못하고 망할 것이란 소문이 퍼지기 시작했습니다.

학교에서 돌아온 레이는 아버지가 있는 서재로 올라갔습니다.
"아버지! 노먼 사장님 소식 알고 계시죠?"
레이는 걱정스러운 얼굴로 아버지께 물었습니다.
"네가 신문사 일을 어떻게 알고 있단 말이냐?"
"우리 반 아이 중에 신문을 파는 대니가 있어요. 그 친구가 자세하게 이야기해 주었어요. 그나저나 어떻게 해요? 저러다 신문사가 망하면……."
"그런 일을 절대 없을 거야. 노먼 사장님은 '당장의 이익을 위해 예수님의 가르침에 어긋난 일을 행한다면, 그것은 기독교인의 자세가 아닐 것'이라고 생각하신 거야. 더군다나 '예수님이라면 어떻게 하실까?'란 질문에 따라 행동하기로 결심했을 때, 모든 것을 예수님께 맡기셨을 것이고, 그 결과에 대해 걱정도 의심도 하지 않으셨을 게 분명해."

"하지만 벌써 술이며 담배 광고가 중단되었다고 해요."

"오히려 잘된 일 아니겠니? 만약 예수님이시라면 해로운 담배와 술 광고를 신문에 내도록 내버려 두셨겠니?"

레이는 아버지의 이야기가 이해되었지만, 대니 말대로 신문사가 파산 상황으로 치닫는 것 같아 마음에 걸렸습니다. 사실 노먼 사장님은 신문사를 성공적으로 경영하는 분으로 유명한 분이었습니다. 그런 분이 어려움을 겪고 계실 것을 생각하니, 어린 레이의 마음이 아파 왔습니다.

"노먼 사장님께 편지를 보내야겠구나. 레이, 봉투와 편지지를 가져다주겠니?"

"네, 아빠."

목사님은 노먼 사장님에게 편지를 쓰기 시작했습니다.

친애하는 노먼 사장 귀하

 당신이 약속을 올바로 이행하고 있음을 보고 감사의 말씀을 드리기 위해 이 편지를 씁니다. 당신의 행동은 엄청난 변화의 시작이 될 것을 믿어 의심치 않습니다. 앞으로 더한 고통이 찾아오더라도 꿋꿋이 이겨 내십시오. 저는 당신이 당신 스스로에게 한 그 약속을 반드시 지켜 내고야 말 것이라 굳게 믿습니다.

        당신의 목사 헨리 맥스웰로부터

 금요일 아침, 데일리 뉴스에는 또 하나의 사건이 벌어지고 있었습니다. 클라크 국장은 일요일판 데일리 뉴스의 편집 계획을 짜기 위해 머리를 쥐어짜고 있었습니다. 일요일판 데일리 뉴스는 데일리 뉴스의 자랑이었습니다. 문화, 예술 등 다양한 읽을거리로 가득 채워져, 독자들의 무료함을 달래 주는, 일요일의 필수품과도 같았습니다. 때문에 데일리 뉴스 구독자 중에는 일요일판 뉴스를 보기 위해 데일리 뉴스를 구독하기도 했습니다. 클라크 국장은 일요일판 데일리 뉴스를 보다 풍성하게 꾸미는 것이야말로 회사를 위기에서 구하는 길이라고 여겼습니다.

'그래. 이 문제를 사장님께 건의해 보자.'

그런데 노먼 사장님이 먼저 클라크 국장을 찾았습니다. 노먼 사장님은 클라크 국장뿐만 아니라 편집부 기자들도 회의실로 모이도록 했습니다.

"제가 여러분들을 모이도록 한 것은, 우리 신문사가 나아갈 방향을 밝히고자 함입니다. 며칠 동안 저는 사회에 악영향을 끼치는 기사를 삭제하고, 술과 담배 광고도 금지시켰습니다. 이 모두가 기독교적인 원리에 따라 신문사를 운영하고자 하는 마음에서였습니다. 하지만 이것은 개혁의 시작에 불과합니다. 그런 의미에서 저는 이 자리에서 중대 발표를 하고자 합니다. 저는 우리 신문사가 일요일판 신문을 발행하는 데 있어서, 과연 예수님이라면 어떠한 결정을 하실지에 대해 생각해 보았습니다. 물론 우리 데일리 뉴스 일요일판은 많은 독자들에게 다양한 재밋거리를 주는 긍정적인 역할을 해 왔습니다. 하지만 신성한 주일날, 잡다한 읽을거리를 전해 주는 것이 우리 기독교인들이 해야 할 일일까요? 더군다나 일요일판 데일리 뉴스가 발행되면, 보급소장과 신문 배달을 하는 사람들은 주일에도 일을 나와야만 합니다. 저는 이것이 매우 옳지 못한 일이라고 생각합니다. 그래서 저는 이번 주를 마지막으로 일요일판 데일리 뉴스 발행을 중단하고자 합니다. 물론 이번 결정에 의해 발생되는 광고 손실과 독자의 이탈에 대해서는 제가 전적으로 책임지겠습니다."

회의실에 모인 기자들이 웅성거리기 시작했습니다. 그런데 클라크 국장만은 입을 꾹 닫고 아무런 말도 하지 않았습니다. 그리고 회의가 끝났을 때, 말없이 노먼 사장님을 따라 사장실 안으로 들어왔습니다.

"저는 사장님의 뜻을 따를 수 없습니다. 그렇게 하신다면 한 달 내에 신문사는 문을 닫고 말 겁니다. 우리는 앞으로 닥쳐올 현실을 피할 수 없다는 이야깁니다. 해서 저는 회사를 그만두겠습니다."

클라크 국장의 극도로 흥분한 모습에 노먼 사장님은 당황하지 않을 수 없었습니다. 오랫동안 함께했던 클라크 국장이라면 조금 무리한 결정을 내리더라도 끝까지 믿고 따라와 줄 것이라 생각했습니다.

"사장님이 현실에 맞지 않는 결심을 포기하지 않는 이상, 저는 더 이상 사장님과 함께할 수 없습니다."

"이보게, 왜 예수님의 입장에서 행동하는 것이 현실과 맞지 않다고 생각하는가? 모두가 예수님의 뜻에 따라 행동한다면 이 세상은 진정으로 살기 좋은 곳이 될 것이네."

"사장님, 저는 아무리 생각해 봐도 사장님을 이해할 수가 없습니다. 정말 딴 사람으로 변하셨습니다."

"이보게, 국장! 나도 나 자신을 이해할 수가 없다네. 뭔가 어마어마한 것이 나에게 덮쳐서 마구 짓누르는 듯해. 그러나 우리 신문을 기어코 성공시키겠다는 신념과 힘이 지금처럼 충만한 적이 없다네. 난 이 회사를 결코 파멸의 구렁텅이로 내몰지 않겠네. 조금만 더 날 믿고 있어 주게나. 그리고 이 회사가 파산하게 되거든 미련 없이 날 떠나게."

노먼 사장님은 간절히 클라크 국장에게 말했습니다. 노먼 사장님이 이렇게 나오니, 클라크 국장도 더 이상 노먼 사장님의 청을 저버릴 수 없었습니다.

"좋습니다. 이 회사가 파산할 때까지 사장님 곁에 있겠습니다. 하지만 부디 제가 사장님 곁을 떠나는 일이 일어나지 않도록 해 주십시오."

"사실 나도 너와 비슷해. 하지만 가장 먼저 내가 실천하고 있는 일은 예배를 잘 드리려고 노력하는 거야. 주일 예배를 드리기 위해 제일 먼저 무엇을 준비해야 하는가를 깊이 생각한 거지."

5

믿음의 길

레이는 토요일까지 모든 숙제를 마쳤습니다. 주일은 온전히 안식을 할 수 있도록 해야 한다는 것을 오래전부터 아버지에게 들어 왔지만, 그것을 지킨 적은 한 번도 없었습니다. 그러다 '예수님이라면 어떻게 하실까?'에 서명을 한 후, 레이의 토요일은 그 어느 날보다 분주해졌습니다.

또다시 주일의 아침이 밝았고, 많은 사람들이 교회로 몰려들었습니다. 그런데 정숙해야 할 교회는 지난 한 주간에 일어났던 일들로 떠들썩했습니다. 레이는 바이올린을 손에 들고 교인들이 하는 말에 귀를 쫑긋했습니다.

"자네 그 소식 들었나? 데일리 뉴스가 오늘을 마지막으로 일요일판을 더 이상 내지 않기로 했다네."

"들었다마다. 노먼 사장으로서는 엄청난 결심을 한 거야."

"아무렴. 그동안 데일리 뉴스가 일요일판으로 벌어들이는 수

익이 제법 짭짤했다지? 그런데 그걸 그만두다니."

잠시 후, 예배가 시작되고 목사님의 설교가 이어졌습니다. 그런데 목사님은 미리 준비한 원고 없이 설교를 해 나갔습니다. 더 이상 인위적으로 짜 맞춘 원고대로 설교하지 않았습니다. 그런데 달라진 것은 목사님뿐만이 아니었습니다. 그동안 졸거나 따분한 표정을 짓던 사람들이 어느새 환한 표정으로 설교에 집중하기 시작했습니다. 사실 지난주, 목사님은 설교에 대한 고민 끝에, 자신이 지금까지 지나치게 교양 있는 어휘만을 구사하고자 애썼다는 사실을 발견했습니다.

'예수님이셨다면 모든 사람들이 이해할 수 있는 그런 설교를 하셨을 거야.'

그런 생각을 바탕으로 목사님은 누구나 알아듣기 쉬운 설교를 하고자 결심했습니다. 혹시나 조금 어려운 구절이 있다면 일일이 예를 들어가면서 성경 공부가 부족하거나 학식이 떨어지는 사람들을 배려했습니다. 그 덕분인지, 설교를 하는 동안 아멘을 외치는 교인도 많았습니다.

목사님의 설교가 끝나고, 레이첼이 찬송가를 불렀습니다. 그런데 그 노래하는 모습 역시 지난주와 사뭇 달랐습니다. 그동안 레이첼은 지나치게 자신의 미모를 과시하고, 과장스러운 기교를 부리며 찬양하는 경향이 있었습니다. 하지만 이제는 아니었습니다. 불필요한 기교는 사라지고 수수하고 맑은 음성이 오히려 영적 감동을 배가시켰습니다. 이러한 변화는 레이첼 역시 지난주의 서약을 실천하고자 애쓰고 있음을 증명하는 것이었습니다.

"지난주 저와 함께 맹세한 분들은 예배 후에 따로 남아 주십시오. 또한 이제라도 동참을 원하시는 분들도 예배 후에 서약해 주시기 바랍니다."

예배가 끝난 뒤, 예배당에 모인 인원은 지난주보다 훨씬 많았습니다. 처음으로 서약을 하겠다고 나선 교인들은 대부분 청년이 많았고 주일 학교 어린이도 보였습니다. 가장 먼저 나온 이야기는 노먼 사장님이 데일리 뉴스의 일요일판을 중지시킨 일이었습니다.

"일요일판 중단으로 회사에 큰 타격이 있지 않을까요?"

"물론 구독자와 광고주가 감소되는 결과가 있었습니다."

"그 조치에 대해서는 후회하지 않으십니까?"

"예수님이라면 반드시 저와 같은 결정을 내리셨을 겁니다. 그러니 후회할 일도 없지요. 혹시 여기 계신 여러분 중에 예수님이라면 저와는 다른 결정을 내리셨을 거라고 생각하시는 분이 계십니까?"

노먼 사장님의 질문에 그 자리에 있던 사람들은 고개를 가로저었습니다. 모두가 노먼 사장님의 결정이 옳은 일이라고 생각했습니다. 이렇게 뜻이 일치되자, 노먼 사장님은 흡족한 미소를 지었습니다. 그러자 이제껏 말없이 있던 버지니아 페이지가 자신의 고민을 털어놓았습니다. 버지니아는 얼마 전 막대한 유산을 상속받은 여인이었습니다.

"저는 제가 어떻게 행동해야 할지 아직 결정하지 못했어요. 특히 제게 있는 유산에 대해서요. 아시다시피 예수님은 애당초 재산이라고는 없으셨잖아요."

"그렇다면 유산을 불쌍한 사람들을 위해 쓰면 어떨지……."

레이첼이 말했습니다. 그때 버지니아가 웃으며 고개를 가로저었습니다.

"그게 문제가 아니야. 난 이미 나의 모든 재산은 내놓을 준비가 되어 있어. 다만 원칙을 발견하고 싶어. 예수님의 원칙에 가장 부합되는 그런 일……."

버지니아의 말에 모두가 고개를 끄덕였습니다. 버지니아의 고민은 그 자리에 있던 모든 이들의 고민이었습니다. 뒤 이어 그 자리에 있던 사람들은 저마다 예수님의 원칙을 발견하기 위해 했던 노력에 대해 이야기했습니다. 그리고 한 가지 공통적인 문제에 직면하였음을 깨달았습니다. 그것은 바로 예수님의 정신을 일상생활에 적용하기가 매우 어렵다는 사실이었습니다. 그러자 목사님은 그 문제에 대한 명확한 결론을 내렸습니다.

"예수님은 그 정신을 실천하기 위해 어떤 고통을 감내했는지, 여러분이 더 잘 아시겠지요? 우리의 결심은 결코 쉬울 수가 없습니다. 그리고 많은 시간이 필요합니다. 자, 기도합시다."

기도가 끝났지만 교인들은 대화하며 끊임없이 자신에게 닥친 고민을 해결할 방안을 찾고자 애썼습니다.

교인들이 이야기를 나누는 동안, 양복에 나비넥타이를 맨 레이가 제니퍼와 일어나 밖으로 나가고 있었습니다.

"어른이 된다는 것은 참 어려운 일인 것 같다. 그렇지?"

제니퍼가 레이에게 말했습니다.

"그러게. 그런데 제니퍼 너는 어땠어? 서약하고 어려운 일은 없었니?"

교회를 나와 제니퍼와 레이가 걷는 길에는 눈부시게 밝은 햇

살이 쏟아지고 있었습니다.

"음, 생각이 많아졌다고 해야 할까? 무슨 일을 하든지, 우선 '예수님이라면 어떻게 하실까?'를 생각하게 된 거지."

"구체적으로 어떤 일이 있었는데?"

레이가 잔뜩 호기심을 가지며 물었습니다.

"엄마가 심부름을 시켰는데 할까 말까 생각하다가, 예수님을 떠올리게 되고. 양치질을 하지 않고 잠을 자려고 하다가, 예수님 생각을 하면서 양치질을 빼놓지 않고 한다던가……. 아주 많아."

"와! 제니퍼 대단하다."

"레이! 넌 어떤 일이 있었니?"

"사실 나도 너와 비슷해. 하지만 가장 먼저 내가 실천하고 있는 일은 예배를 잘 드리려고 노력하는 거야. 주일 예배를 드리기 위해 제일 먼저 무엇을 준비해야 하는가를 깊게 생각한 거지."

"그래서 오늘, 양복을 입은 거구나. 꼭 새신랑 같아."

"고마워. 사실 하나님은 왕이나 대통령보다 높으신 분이잖아. 그분을 만나러 간다는 생각으로 옷을 골라 입었어. 그리고 예물인 헌금도 미리 전날 봉투에 준비해 놓았고. 사실 오랫동안 용돈으로 받은 돈 중에서 십일조와 주일 헌금을 내긴 했지만, 쓰고 남은 돈으로 헌금을 했거든. 없을 땐 엄마나 아빠에게 타기도 하고 말이야. 그런데 이젠 용돈을 받자마자 십일조와 주일 헌금을 따로 떼서 봉투에 넣어 두고 있어."

레이의 이야기는 끝이 났지만 제니퍼는 아무 말이 없었습니다.

"제니퍼! 너 무슨 생각을 하는데?"

제니퍼는 동그란 눈을 깜빡이며 놀라는 눈으로 말했습니다.

"사실 난 아직 거기까지는 생각을 못 했는데, 역시 목사님 아들인 넌 다르구나. 난 그냥 일상생활에서 '예수님이라면 어떻게 하실까?'를 생각했거든."

"그것도 중요한 거야."

레이와 제니퍼는 서로 대화를 나누면서 변해 가고 있는 자신들을 느낄 수 있었습니다. 더욱이 이제까지는 맛보지 못했던 돈독한 우정도 느끼고 있었습니다. 레이와 제니퍼는 목적하는 일이 하나님 뜻에 부합한다는 것과, 그 일에 하나님의 은혜가 아주 특별한 방법으로 내려졌다는 것을 추호도 의심하지 않았습니다.

레이는 제니퍼와 헤어져 집에 돌아왔습니다.

"엄마! 아빠는요?"

"파워즈 소장님과 이야기를 나누고 계신단다."

레이가 아버지의 서재와 레이의 방이 있는 2층으로 올라가자, 철도 공작소의 알렉산더 파워즈 소장님의 목소리가 문 밖으로 들렸습니다.

"오늘 제가 목사님을 뵙자고 한 것은 회사가 엄청난 불법을 자행하고 있으며, 수송부장이 그 중심에 있음을 제가 알게 된 것입니다. 사실 이런 일은 다른 철도 회사들도 공공연히 벌이고 있는 일종의 관행과도 같습니다. 하지만 저희 회사에서까지 불법이 일어나고 있을 줄은 몰랐습니다. 예수님이라면 어떤 선택을 하셨을까요?"

"불법을 알고도 모르는 체 할 수는 없는 노릇 아닌가요?"

"목사님도 그렇게 생각하시죠?"

알렉산더 파워즈 소장님의 목소리가 밝아져 있었습니다.

레이는 목사님과 소장님의 이야기가 계속되는 것을 들으며 방으로 왔습니다. 그리고 소장님의 일이 잘 해결되길 기도했습니다.

"걱정하지 마, 레이첼. 진심으로 예수님의 입장에서 그들을 대한다면 그들도 우리의 마음을 이해하게 될 거야. 예수님은 이보다 더한 곳에서 고통받는 사람들을 구원해 내셨잖아. 우리는 '예수님이라면 어떻게 하실까?'란 질문에 따라 행동하면서 그 결과에 대해서는 생각하지 말자."

6
오페라
가수의 꿈

레이가 학교에서 돌아오는 길에는 청록색 지붕의 양로원이 있었습니다. 양로원 옆길에 쌓여 있는 돌 울타리는 누구라도 한번 넘어가 보고 싶게 눈길을 끌었습니다. 레이는 그 앞을 지날 때마다 언젠가 한번은, 그곳에 가서 봉사 활동을 해야겠다고 벼르고 있었습니다. 양로원의 정문은 따로 있기 때문에, 학교에서 오는 쪽은 양로원의 옆구리인 셈이었습니다.

"레이구나?"

레이가 자신을 부르는 소리에 고개를 돌렸을 때, 거기에는 천사처럼 아름다운 레이첼과 버지니아가 양로원 정문에서 나오고 있었습니다.

"안녕하세요?"

"그래, 레이. 학교 갔다 오는 길이니?"

"네. 양로원에 다녀오시는 거예요?"

"응. 목사님과 사모님은 안녕하시지?"

"그럼요. 요즘 그 어느 때보다도 좋으세요."

늘 교회 안에서 보아 오던 청년부에 있는 누나들이었지만, 밖에서 보니 이상하게 마음이 일렁거렸습니다. 사실 레이첼 윈슬로우와 버지니아 페이지는 오랜 친구 사이였습니다. 목사님의 뜻을 함께하기로 한 이후, 두 사람은 전보다 더 자주 만나고 있는 것 같았습니다.

"그런데 레이첼 누나! 뭐 하나 여쭤 봐도 돼요?"

"뭐가 궁금한데?"

"극단에서 누나를 오페라의 주인공으로 초대했다면서요? 그럼 여길 떠나시게 되는 건가요?"

레이가 섭섭한 얼굴을 하며 물었습니다.

"아니, 어떻게 그걸 네가 아니?"

"찬양대 사람들이 이야기하는 걸 들었어요."

"그랬구나. 하지만 결정한 것은 아니야. 물론 제의가 들어오긴 했어."

"와우! 정말 축하해, 레이첼!"

버지니아는 모르고 있었는지, 자기 일처럼 기뻐했습니다. 그러자 레이첼의 표정에 그늘이 보였습니다.

"너, 예수님이라면 극단에 들어가시지 않았을 거라고 생각하는구나?"

"응. 예수님이라면 극단에 들어가기보다는 다른 쪽으로 재능을 펼치셨을 것 같은 생각이 자꾸 들어."

레이첼과 버지니아는 옆에 레이가 있다는 것도 잊은 듯, 이야기를 계속하고 있었습니다.

"하지만 이번 영입 제의는 너에게 매우 좋은 기회일 텐데. 너의 꿈은 유명 가수가 되어 많은 사람들 앞에서 노래를 부르는 거였잖아."

"맞아. 극단에서도 나를 큰 가수로 키워 주기로 약속했어. 극단장님 말로는 내가 대스타가 될 가능성이 충분하대. 하지만 예수님이라면 신이 주신 목소리를 돈벌이의 수단으로 사용하지는 않으셨을 거란 생각이 들어. 버지니아! 너는 어떻게 생각해? 예수님이라면 이 제안을 받아들이셨을까?"

버지니아가 잠시 깊은 생각에 잠기다가 말했습니다.

"그건 네가 결심할 문제야. 각자의 판단대로 '예수님이라면 어떻게 하실까?'란 질문에 답해야 한다고 맥스웰 목사님이 말씀하셨잖아."

"내 마음이 혼란스러운 걸 보면 예수님께서도 원치 않는 게 아닐까 싶어."

이야기를 듣던 레이가 반갑게 레이첼의 말을 막으며 물었습니다.

"그럼 안 가실 거죠? 극단에 안 가시는 거죠?"

"레이! 넌 내가 갈까 봐 걱정했던 모양이구나?"

"그럼요. 누나가 빠진 우리 찬양대는 상상할 수도 없잖아요."

버지니아와 레이첼은 레이의 말에 환하게 웃었습니다.

"저는 이쪽으로 가야 해요. 안녕히 가세요."

"그래, 레이! 교회에서 보자."

버지니아와 레이첼은 레이와 헤어진 뒤에도 이야기를 계속했습니다.

"버지니아! 넌 전에 말한 예수님다운 원칙을 발견했니?"

"아직이야. 너도 알다시피 난 부유한 가정에서 태어나 아무런 부족함 없이 자랐어. 그리고 지금도 풍족한 생활을 하고 있지. 만약 예수님이라도 지금 나와 같은 생활을 하고 계실까?"

"그래도 넌 너의 부를 어려운 사람들을 위해서도 나누어 주고 있잖아."

레이첼이 위로하며 말했습니다. 그러자 버지니아가 고개를 가로저었습니다.

"난 아무런 희생도 없이 그저 양심의 가책을 덜기 위해 재산의 일부를 사회에 환원하고 있을 뿐이야. 기부 활동을 한다고 해서 나의 생활이 달라지는 것은 없잖아. 이럴 때는 정말 내가 쓸모없는 인간처럼 느껴져. 그나저나 얼마 전 렉탱글에서 선교 활동을 벌이고 있는 그레이 씨가 자원봉사자를 모집하고 있다는 이야기를 들었어. 마침 우리 삼촌과 그레이 씨가 절친한 친구 사이여서 내일 삼촌과 난 렉탱글에 함께 가기로 했어. 찬양대도 필요하다고 하는데, 레이첼! 너도 생각이 있으면 같이 가지 않을래?"

"정말? 생각해 보고 연락할게."

"그래. 레이첼! 여기서 우리 집이 가까운데, 저녁 먹고 가."

버지니아와 레이첼이 도착했을 때였습니다. 집에는 할머니와 오빠인 롤린 페이지가 있었습니다.

"레이첼도 왔구나. 어서 들어오너라."

"네, 할머니. 안녕하셨어요?"

레이첼과 버지니아는 경건하게 기도를 한 뒤, 식사를 시작했습니다. 그런데 식사를 하는 내내, 롤린 페이지는 힐끔 힐끔 레이첼을 보았습니다. 사실 롤린 페이지는 오랫동안 레이첼을 짝사랑하고 있었습니다. 그래서 레이첼이 온다는 소식이 들리면 친구들과의 약속도 취소하고 집에 머물곤 했습니다.

"레이첼, 이번에 오페라 단원으로 들어간다면서? 지난번 오페라 단장이 직접 교회에 와서 레이첼이 노래하는 모습을 보았다고 들었어."

"누가 그런 소리를 해요?"

"누구긴? 그날 교회에 갔던 사람들은 다 알고 있어. 사실 교회에 가는 사람들 중에는 목사님의 설교를 들으러 가는 사람도 있지만, 이런저런 소문들을 들으러 가는 사람들도 아주 많거든."

순간, 레이첼은 롤린 페이지가 교회에 오는 사람들을 모독하는 것 같아 화가 났습니다. 레이첼은 날카롭게 롤린을 쏘아 댔습니다.

"교회를 모독하지 마세요. 그리고 난 오페라 단원에 들어가지 않을 거예요."

롤린 페이지는 레이첼의 이런 반응을 개의치 않았습니다. 그저 레이첼과 대화를 할 수 있는 것만으로도 좋았습니다.

"에이, 난 네가 그런 좋은 조건을 쉽게 포기할 거라고 생각하지 않아. 그리고 너의 목소리를 보다 많은 사람들이 들을 수 있게 되면 그보다 좋은 일이 어디 있겠어?"

"롤린 오빠, 그만 하세요."

"기, 기분을 상하게 했다면 미안해. 난 그저, 아, 그러고 보니 친구와 약속이 있는 걸 깜빡했네."

기가 잔뜩 죽은 롤린 페이지는 민망한 듯, 식사를 하다 말고 식탁에서 일어나 밖으로 나갔습니다. 냉랭한 분위기가 흐르자, 버지니아의 할머니가 레이첼에게 말을 걸어왔습니다.

"레이첼, 네가 이해하렴. 롤린이 원래 말을 좀 막하지 않니. 그런데 정말 오페라 단원으로 들어갈 생각이 없는 거니?"

"네. 예수님이라면 다른 선택을 하셨을 거라 생각하기 때문이에요."

"너 역시도 목사님의 제안을 따르기로 마음먹은 모양이구나.

하지만 지금 세상에서 예수님의 행동 기준대로 살아가는 것은 실천 불가능한 것이란다. 그때와 지금은 시대가 아주 많이 달라. 처한 상황도 다르고 말이야."

할머니의 말에 버지니아가 레이첼을 거들고 나섰습니다.

"저는 그렇게 생각하지 않아요. '예수님이라면 어떻게 하실까?'라는 질문에 자기 자신이 얼마나 현명한 대답을 할 수 있느냐에 따라 성패가 달린 거니까요."

"버지니아, 설마 너도 레이첼처럼 그 무모한 일을 하겠다는 말이니?"

"네. 저와 레이첼은 맥스웰 목사님의 제안을 받아들이기로 맹세했어요."

"맙소사, 너같이 현명한 아이가 그런 바보 같은 일을 결심하다니……!"

할머니는 버지니아를 쏘아보며 말했습니다.

"넌 이따 나와 이야기 좀 하자. 레이첼이 가거든 내 방으로 오너라."

할머니는 화가 난 듯 방으로 들어가 버렸습니다.

"미안해. 나 때문에 공연히 저녁 식사를 망치고 말았네."

"아니야, 레이첼. 어차피 한번은 터질 일이었어. 그런데 너도 더 늦기 전에 네가 생각하고 있는 것을 어머니께 말씀드려야 하는 거 아니니?"

"응. 그래야지."

그날 저녁, 버지니아는 할머니에게 밤새도록 훈계를 들어야만 했습니다. 하지만 버지니아는 자신의 결심을 끝내 꺾지 않았고, 앞으로 자신의 재산을 어떤 식으로 사용해야 할 것인지에 대한 마지막 결정을 서두르게 되었습니다.

한편 레이첼은 앞으로 자신이 해야 할 일들을 정리해 나갔습니다. 그런데 문득, 레이첼의 머릿속에서 좀 전에 버지니아가 했던 말이 떠올랐습니다.

'맞아. 버지니아를 따라 렉탱글에 가 보는 거야. 그곳에는 불쌍한 사람들이 아주 많다고 들었어. 내 노래를 듣는다면 분명 좋아할 거야.'

레이첼은 모든 생각이 정리되자, 마음이 한결 가벼워지는 것을 느꼈습니다. 마침 거실에 있던 어머니에게로 다가갔습니다.

"어머니, 전 그 오페라단에 들어가지 않기로 결심했어요."

"가수가 되는 것은 너의 오랜 꿈이지 않니?"

"그랬어요. 하지만 이제 저는 유명한 가수가 되는 것보다 더 가치 있는 길이 무엇인지를 깨닫게 되었어요."

레이첼의 어머니는 도저히 믿지 못하겠다는 표정을 지었습니다. 그도 그럴 것이, 레이첼은 아주 오래전부터 오페라 가수의 꿈을 꾸었고, 유명한 가수가 되기 위해 음악 학교도 다니고 외국에 유학을 갔다 오기도 했습니다. 그리고 각고의 노력 끝에 그 꿈을 펼칠 기회를 얻은 상황에서, 별안간 오페라 가수의 꿈을 버린 레이첼을 어머니는 도저히 이해할 수 없었습니다.

"레이첼, 혹시 지난번 맥스웰 목사님과 한 그 맹세 때문에 그런 거니?"

"목사님과 한 것이 아니라 제 자신에게 했던 맹세예요."

"그래. 네가 원해서 한 약속이란 건 잘 안다. 하지만 레이첼, 예수님의 발자취를 본받는 것과 오페라 가수의 길을 포기하는 것이 무슨 관련이 있는 거니? 오페라 가수라는 직업은 너의 종교적 신념에 어긋나는 게 아니야."

"하지만 엄마, 저는 저의 재능을 보다 뜻깊은 곳에 사용하고 싶어요."

"그렇다면 이제 무엇을 하려고 하니?"

"일단은 교회에서 계속 성가를 부를 거예요. 또, 주간에는 렉탱글 거리에서 전도사 그레이 씨가 주최하는 집회에 나가서 노래를 부를 거예요."

"너 지금 제정신이니? 렉탱글이 어떤 곳인지 모르는 거야?"

렉탱글은 레이먼드에 있는 빈민가 중 가장 비참하고 불결한 지역이었습니다. 거리에는 술에 취한 사람이 넘쳐 났고, 끔찍한 범죄도 곧잘 일어났습니다. 한데 애지중지 키운 딸이 그런 렉탱글에 가겠다니, 어머니로서는 흥분하지 않을 수 없었습니다. 물론 레이첼도 그런 어머니의 마음을 모르지 않았습니다.

"어머니가 저를 쉽게 이해하지 못하실 거란 사실은 잘 알아요. 하지만 저는 고통받는 사람들을 위해 무언가를 하고 싶어요. 그동안 입으로는 예수님의 뒤를 따른다고 말하면서도, 예수님의 희생을 몸소 따르려 하지 않았잖아요. 저는 예수님의 입장에서 저 스스로를 희생하고, 고통받는 사람들에게 조금의 힘이라도 보태고 싶어요. 부디 저를 이해해 주세요, 어머니."

레이첼이 말을 마쳤을 때, 어머니의 눈가에는 눈물이 가득 고여 있었습니다.

다음 날, 자리에서 일어난 레이첼은 가장 먼저 버지니아에게 연락을 취했습니다. 그리고 레이첼은 렉탱글에 가기 위해 약속 장소로 나갔습니다.

"레이첼! 여기야, 여기."

잠시 후, 버지니아의 모습이 보였습니다. 그리고 그 뒤로 버지니아의 삼촌 모습도 보였습니다.

세 사람은 그레이 전도님이 주최하는 모임에 참석하기 위해 렉탱글로 향했습니다.

"버지니아, 우리가 해낼 수 있을까? 그동안 여러 교회에서 렉탱글로 선교단과 찬양대원을 보내 이 지역을 정화하고자 했지만 모두 실패했다고 들었어."

"걱정하지 마, 레이첼. 진심으로 예수님의 입장에서 그들을 대한다면 그들도 우리의 마음을 이해하게 될 거야. 예수님은 이보다 더한 곳에서 고통받는 사람들을 구원해 내셨잖아. 우리는 '예수님이라면 어떻게 하실까?'란 질문에 따라 행동하면서 그 결과에 대해서는 생각하지 말자."

"네 말이 맞아, 버지니아."

버지니아의 말에 레이첼은 한결 마음이 가벼워지는 것을 느꼈습니다.

"어서 오십시오. 이런 누추한 곳까지 오시다니, 정말 감사드립니다."

세 사람이 도착하자 그레이 씨 부부는 세 사람을 천막으로 안

내했습니다.
 잠시 후, 몇몇 사람들이 그레이 씨 부부의 천막을 찾아왔습니다. 그들은 렉탱글에 거주하는 사람들로, 구원의 손길을 간절히 기다리는 불쌍한 사람들이었습니다.

"저는 여러분들을 사랑합니다. 제가 이 자리에 온 것은 여러분을 동정하거나 비아냥거리기 위해서 온 것이 아닙니다. 여러분의 축복을 기원하기 위해 이 자리에 선 것입니다. 이것은 예수님의 뜻이기도 합니다."

7

렉탱글 사람들

따르릉! 쉬는 시간을 알리는 종이 울렸습니다. 레이는 쪽지 시험을 보는 동안, 제이콥이 자신의 시험지를 훔쳐보는 것을 알고 있었습니다. 못마땅했지만 꾹 참고 있었습니다.

"저, 레이! 너 공부 많이 했나 보다?"

"좀 했지. 그런 너는?"

레이는 승리의 패를 거머쥔 전사처럼 또록또록한 목소리로 말했습니다.

"제이콥 너, 내 것 보고 썼지?"

"내가? 아, 아니야?"

제이콥은 겁먹은 자라처럼 아래턱을 목 쪽으로 잔뜩 끌어당기며 말했습니다. 레이는 조금 더 말할까 하다가, 순간 '예수님이라면 어떻게 하실까?' 생각했습니다. 그리고 말했습니다.

"아니면 됐어. 내가 잘못 봤나 보다. 아니라면 됐어."

제이콥은 잠시 머뭇거리더니 어깨를 축 늘어뜨리고 자기 자리에 앉았습니다. 수업이 끝나고 집으로 돌아왔지만, 레이는 제이콥의 축 늘어진 어깨가 자꾸만 떠올랐습니다. 숙제를 하면서도 제이콥이 생각났습니다.

'괜히 말했나? 정말 보지 않았을 수도 있는데, 그동안 혹시 제이콥이 가난한 집 아이라고 무시하고 있었던 것은 아닐까?'

레이는 머리를 흔들다가 '예수님이라면 어떻게 하실까?'라고 적혀 있는 공책을 꺼냈습니다. 그리고 자신이 나아갈 방향에 대해 정리했습니다. 이 습관은 서약을 하고 생겨난 것이었습니다.

> 예수님이라면 아침 일찍 일어나실 것이다.
> 예수님이라면 검소한 생활을 하실 것이다.
> 예수님이라면 가난한 사람에게 도움을 베풀 것이다.
> 예수님이라면 공부를 잘하셨을 것이다.

막상 종이 위에 생각들을 정리해 보고 나니, 그다지 특별한 것도 대단한 것도 아니었습니다. 그럼에도 불구하고 그것들은 레이가 미처 생각하지 못하고 지나쳤던 것들이었습니다. 레이는 예수님의 참뜻을 깨닫지 못한 지난날들을 반성하지 않을 수 없었습니다. 초인종이 울린 것은 바로 그즈음이었습니다.

레이가 문을 열었을 때, 손님은 다름 아닌 렉탱글에서 선교 활동을 벌이고 있는 그레이 전도사님이었습니다.

"아버지는 서재에 계세요. 아버지를 모시고 오겠습니다."

그레이 전도사님은 아버지를 만나자마자 지난 월요일 제일교회의 레이첼이 찾아온 이야기를 꺼냈습니다.

"레이첼 양의 노래는 그동안 저의 노력보다 더 큰 일을 해 주었습니다. 많은 불쌍한 사람들이 레이첼 양의 노래를 듣고 깊은 감명을 받았습니다."

"네, 저도 그 이야기는 들었습니다. 참으로 대단한 결심을 해 주었습니다. 그런데 저를 찾아온 용건이 무엇인가요?"

아버지의 질문에 전도사님은 잠시 머뭇거렸습니다.

"실은 제가 감기에 걸려서 설교를 할 수가 없는 상태입니다. 그래서 오늘은 목사님께서 렉탱글에 방문해 주셔서 설교를 해 주셨으면 하고 이렇게 찾아왔습니다."

"사실 오늘 우리 교회에서도 기도회가 있긴 합니다만, 기도회에 참석하는 신도들에게 양해를 구한다면 렉탱글에 갈 수 있을 것 같습니다."
"정말입니까? 그렇게만 해 주신다면 더한 영광이 없겠습니다. 오늘밤 성령께서는 목사님에게 불쌍한 사람들을 감명시킬 힘을 주시리라 믿습니다."
전도사님이 돌아가시자, 레이는 아버지에게 물었습니다.
"아빠! 저도 렉탱글에 가도 되나요? 레이첼 누나가 노래할 때 바이올린을 연주하고 싶어요."
"네가 원한다면야 이 아빠는 환영이란다."

그날 밤, 제일교회에서 열리는 기도회에는 전보다 많은 사람들이 모여 있었습니다. 목사님은 신도들 앞에 서서 먼저 양해를 구했습니다.
"오늘 밤, 저는 렉탱글로 내려가라는 하나님의 부르심을 받은 듯합니다. 따라서 오늘 기도회는 짧은 기도로 갈음하고자 합니다. 혹시라도 저와 함께 렉탱글로 가고자 하시는 분이 있다면 말씀해 주십시오."
기도회를 마친 목사님과 레이, 그리고 몇몇 신도들이 렉탱글에 도착했을 때, 레이첼은 사람들 앞에서 성가를 부르고 있었습

니다. 주변을 살펴보니, 버지니아, 야스퍼 체이스 등 낯익은 얼굴도 보였습니다. 그런데 의외의 인물도 보였습니다. 소문에 의하면 얼마 전 레이첼에게 청혼을 했다가 거절당한 롤린 페이지였습니다. 레이첼이 노래를 마치자, 그레이 전도사님이 그 자리에 모인 사람들에게 맥스웰 목사님을 소개했습니다.

"보시는 바와 같이 오늘 저는 감기에 걸려 설교를 할 상태가 못 됩니다. 그래서 제일교회의 목사이신 맥스웰 목사님께서 저 대신 여러분께 좋은 말씀을 전해 주실 겁니다. 모두 경청해 주시길 바랍니다."

목사님이 사람들 앞에 섰습니다.

"저 사람이 제일교회 목사라고?"

"제일교회라면 우리 공장 사장님이 다니는 그 교회잖아."

"높으신 양반들만 가는 교회 목사가 왜 여기에 온 거야? 우리를 동정이라도 하겠다는 거야 뭐야?"

여기저기 사람들의 불만이 터져 나왔고, 레이첼이 노래할 때와는 전혀 다른 험악한 분위기가 되었습니다. 자존심이 상한 목사님의 얼굴에는 불편한 심기가 드러났습니다.

"목사는 내려와라. 레이첼 양의 노래를 다시 들려줘."

"옳소. 우리는 레이첼 양의 노래를 듣고 싶다."

목사님은 잠시 물러나 있을 수밖에 없었습니다. 그리고 레이첼이 다시 나와 성가를 불렀습니다. 그러자 떠들썩했던 장내는 다시 엄숙한 분위기를 되찾았습니다. 이 모습을 지켜보던 목사님은 레이첼 윈슬로우가 오페라 가수의 길을 포기하고 이 자리에 선 것은 분명 하나님의 뜻이라고 새삼 확신하게 되었습니다. 그리고 예수님이라면 이런 상황에서 어떤 설교를 하실까 하는 생각을 했습니다.

'내가 이 자리에 있는 사람들이 불손하다고 하여 설교를 멈춘다면, 그건 예수님다운 행동이 결코 아닐 거야.'

목사님에게 다시 용기가 생겼습니다. 레이첼의 노래가 끝나자 다시 사람들 앞에 섰습니다. 또 여기저기서 야유의 목소리가 터져 나왔습니다. 하지만 목사님은 더 이상 얼굴을 붉히지도 불편한 심기를 드러내지도 않았습니다.

"저는 여러분들을 사랑합니다. 제가 이 자리에 온 것은 여러분을 동정하거나 비아냥거리기 위해서 온 것이 아닙니다. 여러분의 축복을 기원하기 위해 이 자리에 선 것입니다. 이것은 예수님의 뜻이기도 합니다."

어느새 목사님의 얼굴에는 사랑이 충만해져 있었습니다. 그러자 야유의 목소리는 점점 사그라지고, 사람들은 목사님의 설교에 귀를 기울이기 시작했습니다. 모든 집회가 끝나고, 목사님은 레이와 버지니아, 레이첼, 야스퍼 등 신도들과 함께 렉탱글 거리를 걸었습니다. 그런데 조금 전까지 목사님의 설교에 귀를 기울이던 사람들이 거리 곳곳에서 술에 취해 흥청거리고 있었습니다. 이 모습을 본 목사님은 경악하지 않을 수 없었습니다.

"결국 저의 설교는 저들에게 조금의 감명도 주지 못한 듯합니다. 레이먼드 시가 이토록 곪아 가고 있었는지 미처 몰랐습니다. 누가 나서서 이 술집들을 없애 줘야 하지 않을까요? 만약 이곳에 술집들이 계속해서 있다면, 여기 사람들은 결코 술독에서 헤어 나오지 못할 것입니다."

렉탱글을 방문하고 온 뒤, 목사님은 어떻게 하면 레이먼드 시를 보다 그리스도의 도시에 가깝게 변화시킬 수 있을까 골몰했습니다. 그리고 기독교인들이 똘똘 뭉쳐, 술집을 없애는 운동을 벌여야겠다는 생각에 이르렀습니다.

'나 또한 술집 허가에 찬성하는 정치인에게 내 한 표를 던진 적이 있지 않는가? 그런데 이제 와서 술집 허가 반대 운동을 펼친다면 사람들이 나를 어떻게 생각할까? 더군다나 우리 교회 신도들 중에는 술집사업을 하고 있거나 렉탱글과 같은 곳에 땅을 소유한 사람들이 많은데, 내가 술집 허가 반대 운동을 펼친다면 그들은 우리 교회를 떠날지도 몰라.'

목사님은 밤새 무기력한 자신을 한탄하며 밤을 지새웠습니다. 그런데 다음 날, 용기를 주는 사건이 일어났습니다.

"여보, 신문 사설이 참 인상 깊어요. 한번 읽어 보세요."

아내 메어리가 건넨 신문은 데일리 뉴스였습니다. 그동안 데일리 뉴스는 자극적인 기사를 삭제하고 일요일판 신문을 내지 않으면서 큰 반향을 일으키고 있었습니다. 그런데 이날 데일리 뉴스에 실린 사설은 큰 감명을 주었습니다.

"소속 정당에서 많은 지지를 받더라도 부도덕하고 무능하다면 지지하지 않고 대신에 무명 정치인이라고 해도 도덕적으로 훌륭하다면 당선을 적극 지지하겠다는군요. 참으로 옳은 결정을 한 거예요."

"그런데 이렇게 정치 성향이 분명해지면, 좋아하는 독자도 있겠지만 싫어하는 독자들도 많을 텐데. 노먼 사장의 용기에 박수를 보내야겠군."

"맙소사. 이 사설 좀 보세요. 이럴 수가!"

그것은 철도 공작소 소장인 알렉산더 파워즈가 회사의 위법을 발견하고 이를 고발하는 내용이었습니다. 뿐만 아니라 알렉산더 파워즈는 이러한 불법이 여러 철도 회사에서 관행처럼 자행되고 있음을 밝히고, 불의에 맞서기 위해 소장의 자리를 사임하겠다고 밝히고 있었습니다.

신문 기사를 읽고 난 뒤, 목사님은 파워즈가 너무 걱정이 되었습니다. 그래서 서둘러 외출 채비를 하고 그를 찾아갔습니다.

"방금 신문 기사를 통해 당신의 소식을 접했습니다. 당신이 지금 얼마나 큰 고통을 받고 있을지 잘 알고 있습니다."

알렉산더 파워즈는 오히려 담담한 표정으로 말했습니다.

"예수님이라면 당연히 저와 같이 하셨을 겁니다. 그보다 목사님께 부탁이 있습니다."

"그게 무엇입니까? 제가 도울 수 있는 일이라면 무엇이든 돕겠습니다."

"우리 회사는 이미 밝혀진 것처럼 많은 부조리에 연루되어 있습니다. 하지만 희망이 아주 없는 것도 아닙니다. 우리 철도 공작소에서는 직원들의 복지에 대한 관심이 증대되고 있습니다. 지난번 창고를 직원들의 휴식처로 바꿀 수 있었던 것도 그 예이지요."

파워즈는 잠시 말을 멈추고 목사님의 손을 잡았습니다.

"목사님, 제가 없더라도 철도 공작소로 방문하셔서 직원들에게 설교를 해 주시기 바랍니다. 지난번 직원들은 목사님의 설교에 큰 감명을 받았습니다. 저는 직원들이 제가 마련한 그 공간에서 희망을 보았으면 좋겠습니다."

자신보다 직원들을 걱정하는 알렉산더 파워즈의 모습에 목사님은 큰 감명을 받았습니다. 그리고 알렉산더 파워즈뿐만 아니라 에드워드 노먼, 레이첼 윈슬로우가 기울인 노력들을 떠올리며, 그들의 노력들이 장차 레이먼드 시에 어떠한 변화를 가져다 줄지 기대되었습니다. 그러나 한편으로는 걱정도 되었습니다. 예수님의 입장에서 행동하기로 맹세한 것이 교인들에게 너무나 큰 희생을 강요한 것은 아닌가 하는 두려움 때문이었습니다.

"목사님의 설교를 들은 뒤, 제가 무엇을 해야 하는지 깨달았습니다. 상류 계층에 속해 살면서 일반 시민의 피로움은 전혀 헤아리지 못하고 편안하게 살아왔지요. 그러나 이제 저는 예수님을 따르는 사람으로서 그리고 레이먼드의 시민으로서의 의무를 다하고자 합니다."

8
술 추방 운동

운동장에서 남자아이들은 축구를 하느라 바빴고, 여자아이들은 구름다리나 미끄럼틀 주위에서 뛰어노느라 정신이 없었습니다. 멀리 제이콥이 혼자서 긴 나무 벤치에 앉아 있었습니다. 레이는 교실을 나와 제이콥 옆자리로 갔습니다.

"레이! 네가 웬일이야?"

"네가 심심할까 봐 나왔지. 그런데 무슨 생각을 하니?"

제이콥은 잠시 생각에 잠긴다는 듯, 시선을 운동장에 두었습니다. 그러고는 어려운 말을 꺼내듯이 몇 번이고 흠흠, 헛기침했습니다.

"네 답안지 훔쳐 본 거, 미안해. 선생님께 이르지 않은 것은 고맙고."

"……"

"너도 알지? 우리 아버지가 일찍 돌아가신 거. 엄마 혼자 벌어서 온 식구가 다 먹고살아야 하니까, 늘 어려워. 그런데 엄마가 발을 다치신 거야. 병간호 해야지, 집안 살림해야지, 그러다 보니 시험공부 할 시간이 있어야지. 그래서 그만 네 시험지를 훔쳐본 거야."

"지금 어머니는 어떠신데?"

"많이 좋아지셨어. 아직 직장에 나가시는지 못하지만."

"그랬구나, 난 그것도 모르고……."

"아냐, 시험지를 훔쳐본 것은 내 잘못인걸. 미안해, 레이."

레이는 순간 코가 시큰거렸습니다. 만약 그날 참지 않고 제이콥을 궁지에 몰았다면 어떡할 뻔했나, 그것은 상상만 해도 아찔한 것이었습니다.

"아냐. 옆에 앉은 짝꿍이면서 아무것도 모르는 내가 문제지. 솔직하게 네 이야기를 들려줘서 정말 고마워. 그런데 너 교회 다니니?"

"아니."

"그럼 나랑 교회 다니자. 아마 멋지고 새로운 일이 너에게 벌어질 거야."

"좋아. 사실 나도 크리스마스가 되면 가끔 주일 학교에 가곤

했거든."

"약속했다. 제이콥!"

레이는 제이콥의 손을 잡으며, 우정을 다짐했습니다.

레이가 집에 돌아오자, 레이첼로부터 연락이 와 있었습니다.

"레이! 토요일 저녁, 렉탱글에서 열리는 집회에서 바이올린 연주를 해 줄 수 있느냐고 묻던데 괜찮겠니?"

"레이첼 누나가요? 괜찮고말고요. 저는 영광이죠."

감기가 어느 정도 나은 그레이 전도사님은 사람들 앞에 서서 혼신을 다해 설교를 했습니다. 전도사님의 설교가 끝나자, 이번에는 맥스웰 목사님이 강단에 섰습니다. 지난번과 다르게 사람들은 어떤 야유도 보내지 않았습니다.

레이의 바이올린 연주와 함께 레이첼의 노래가 찬양으로 인도했습니다. 레이첼의 노래는 누구나 감동할 정도로 그 어느 때보다 훌륭했습니다.

그때 오르간 옆에 있던 버지니아를 향해 허름한 차림의 여인이 다가왔습니다. 여인은 몸과 마음이 몹시 지쳐 보였습니다. 그녀는 버지니아 앞으로 다가와 흐느끼더니 풀썩 쓰러져 버렸습니다. 여인의 머리에서는 심한 악취가 났습니다. 하지만 버지니아는 개의치 않고 그녀의 머리를 감싸 안아 올렸습니다. 레이첼은 행복에 겨운 표정으로 계속해서 노래를 불렀습니다.

저 멀리서 한 남자가 눈물을 흘리고 있는 모습이 보였습니다. 그는 지난번, 목사님이 설교를 할 때 난동을 부렸던 사람 중에 한 명이었습니다. 그러나 이제 남자는 참회의 눈물을 흘렸습니다. 그런데 남자의 곁으로 말쑥하게 차려입은 한 신사가 다가왔습니다. 신사는 무릎을 꿇고 앉아 눈물을 흘리는 남자의 두 손을 잡아 주었습니다. 이 장면을 본 레이첼은 크게 놀라지 않을 수 없었습니다. 그 신사는 다름 아닌 롤린 페이지였습니다.

렉탱글의 집회는 자정이 다 되어서야 끝이 났습니다. 집회에 참여했던 젊은 소설가 야스퍼 체이스는 레이첼과 함께 길을 걸었습니다.

"참 대단한 밤이었어요. 레이첼 양의 노래를 들으면서 감동하던 사람들의 얼굴이 잊혀지지 않아요."

레이첼은 아직 흥분이 가시지 않는 모양이었습니다. 야스퍼 체이스의 눈에는 그런 그녀가 너무나 아름다워 보였습니다. 그리고 오늘 밤에는 그녀에게 자신의 마음을 고백해야겠다는 생각이 들었습니다. 야스퍼 체이스는 걸음을 멈추고 그녀에게 정중히 말했습니다.

"레이첼, 내가 당신을 사랑하는 것은 알고 있죠? 나의 마음을 받아 주겠소?"

야스퍼 체이스는 레이첼의 손에 입을 맞추려 했습니다. 그런데 갑자기 레이첼이 매정하게 손을 빼 버렸습니다.

"왜 하필 오늘 그런 고백을 하는 거죠?"

레이첼의 행동에 야스퍼 체이스는 당황스러웠습니다.

"도대체 왜 이러는 거요? 나를 사랑하지 않소?"

레이첼은 야스퍼 체이스의 질문에 대답해 주지 않았습니다.

"모든 것은 때가 있는 법이에요. 오늘이 어떤 날인지 당신도 잘 알잖아요."

레이첼은 작별 인사도 없이 서둘러 가 버렸습니다. 자신을 떠나는 레이첼을 보며, 야스퍼 체이스는 도저히 믿지 못하겠다는 표정을 지었습니다.

그동안 두 사람은 서로에게 좋은 감정을 갖고 있었습니다. 야스퍼 체이스는 레이첼을 모델로 소설을 쓰기도 했고, 레이첼은 매일 밤 설레는 마음으로 야스퍼 체이스가 쓴 소설을 읽곤 했습니다. 그런 그녀가 롤린 페이지에게보다 더 매정하게 야스퍼 체이스의 고백을 거절했습니다. 그런데 그 이유는 레이첼 본인도 잘 알지 못했습니다.

'맙소사! 내가 야스퍼 체이스의 고백을 거절해 버렸어. 얼마나 기대했던 순간인데. 내가 진정으로 야스퍼 체이스를 좋아하지 않았던 걸까? 혹시 오늘이 아닌 다른 날에 고백을 했더라면 난 그의 고백을 받아 주었을까?'

레이첼의 머릿속에서는 온갖 생각들이 교차했습니다.

집으로 돌아온 뒤, 레이첼은 야스퍼 체이스가 자신을 모델로 쓴 소설책을 다시 펼쳤습니다. 그런데 매일 밤 레이첼을 설레게 했던 그 문구가 더 이상 아무런 감흥도 주지 않았습니다. 오히려 자신의 노래로 감동하던 렉탱글 사람들의 얼굴이 자꾸 눈앞에 아른거렸습니다. 레이첼은 야스퍼에게 느낀 애정 따위와는 비교도 안 되는 성령의 힘이 작용하고 있음을 깨달았습니다.

'주여, 한낱 남녀 간의 사랑을 어찌 당신의 사랑에 비하겠습니까?'

다음 날, 주일 예배를 드리기 위해 제일교회로 사람들이 몰려들었습니다. 설교가 끝나고 강대상 앞에 선 목사님의 이야기가 계속되었습니다.

"술집들은 우리를 병들게 하고 있습니다. 술집들을 없애지 않는 한, 병든 영혼들은 결코 구원을 받지 못합니다. 모두 힘을 합쳐 술집을 추방합시다."

예배가 끝난 뒤, 링컨 대학의 도널드 마쉬 학장이 목사님을 찾아왔습니다.

"목사님의 설교를 들은 뒤, 제가 무엇을 해야 하는지 깨달았습니다. 상류 계층에 속해 살면서 일반 시민의 괴로움은 전혀 헤아리지 못하고 편안하게 살아왔지요. 그러나 이제 저는 예수님을 따르는 사람으로서 그리고 레이먼드의 시민으로서의 의무를 다하고자 합니다. 마침 곧 선거가 있습니다. 저는 저의 역량을 총동원하여 그동안 시민들을 기만하고 자기들의 잇속을 챙겼던 정치인들을 몰아내려 합니다. 그리고 진정 시민들을 위해 일할 수 있는 사람들이 당선될 수 있도록 노력할 작정입니다."

"학장님이 했던 고민이 제가 했던 고민과 다르지 않습니다. 렉탱글에 가서 설교를 하면서 생각이 많아졌습니다. 술에 찌든 이 도시를 구원하는 것이야말로, 예수님이 저의 입장이라면 반드시 하실 일입니다."

"목사님과 저의 뜻이 같다면, 함께 힘을 합치는 편이 낫다고 생각합니다. 술집 추방 운동에 찬성하는 우리 기독교인들이 힘을 합쳐 정치인들을 압박하는 것입니다. 그들로 하여금 술집 허가를 옹호하지 못하게 하는 것입니다."

"좋은 생각입니다. 학장님의 말을 들으니, 가슴이 벅차오르는 것이 느껴집니다. 앞으로 우리 도시는 그리스도의 도시로 거듭나는 변혁을 맞이하게 될 것입니다."

그날 이후, 두 사람은 수시로 만나 새로운 계획에 대한 구체적인 방법을 논의했습니다. 그리고 예비 선거의 날이 밝았습니다.

레이먼드 시민회관에서 열린 예비 선거에서는 과거에는 보기 드문 장면이 연출되었습니다.

연설대에 선 링컨 대학의 마쉬 학장은 이제껏 자기들 멋대로 시정을 펼쳐 온 공무원들과 정치인들을 꾸짖고, 진정으로 시민의 행복을 위해 일할 일꾼을 후보로 세울 것을 역설했습니다. 이 자리에 참석한 제일교회의 맥스웰 목사, 밀턴 라이트, 알렉산더 파워즈, 브라운 교수, 윌라드 교수, 필그림 교회의 조지 메인 목

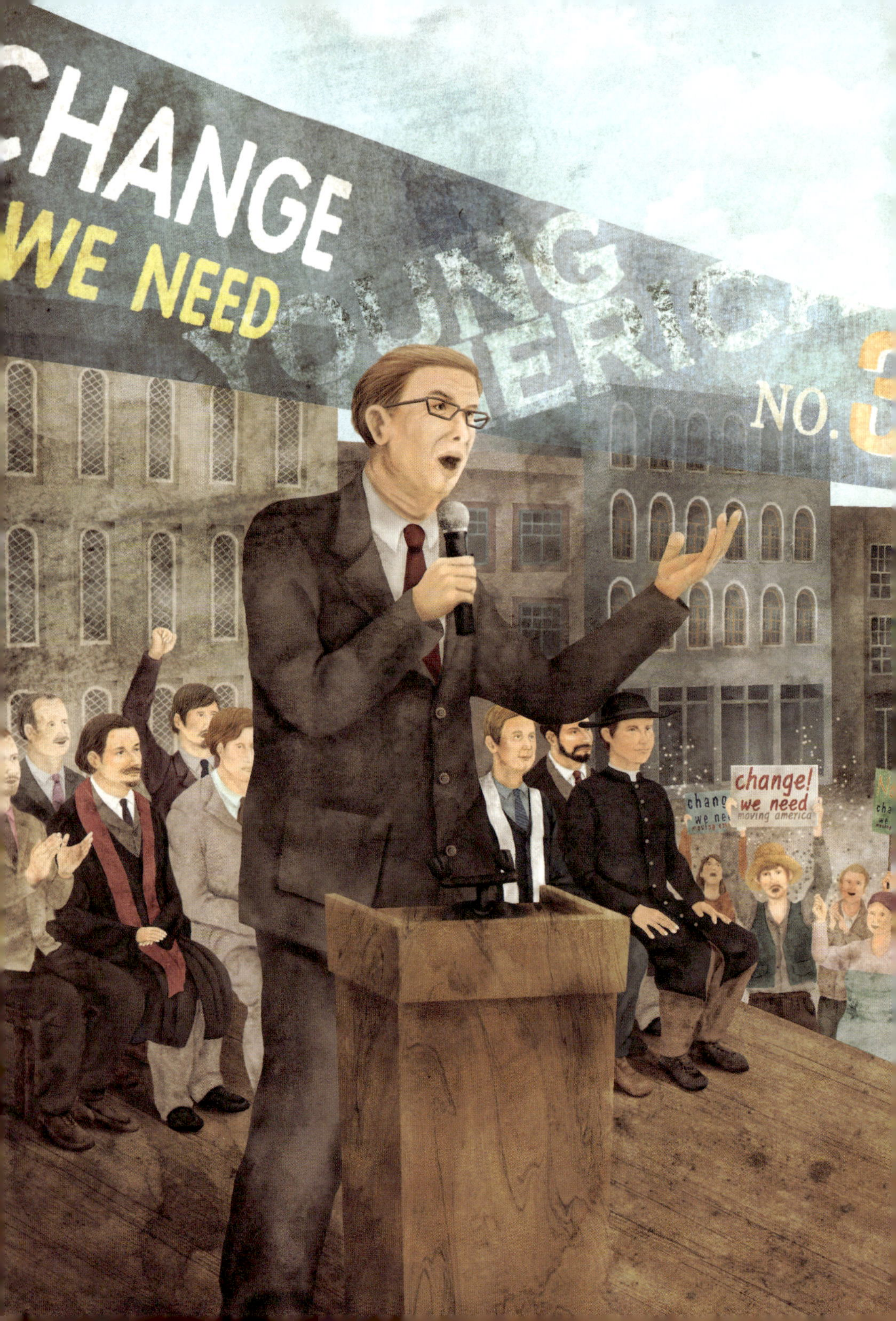
CHANGE
WE NEED
NO.
change!
we need
moving america

사, 성 삼위일체 성당의 딘 와드 신부 그리고 이 밖에 많은 사람들은 마쉬 학장의 주장을 옹호하고 나섰습니다.

  그동안 이들이 예비 선거에 나선 적은 없었습니다. 그런 이들이 조직적으로 목소리를 내자, 그동안 시정을 마음대로 주물렀던 기존 정치인들은 크게 당황하며 자기들 멋대로 후보자 명단을 내버렸습니다. 그들이 낸 후보자 명단 중에는 술집 허가 지지자들도 포함되어 있었습니다.

"아무리 뛰어난 사업가라고 해도, 예수님의 입장에서 사업을 한다면 결코 이익을 남길 수는 없을 것입니다. 예수님의 길이 본래 희생의 길이었으니까요. 하지만 저는 이 사업을 좀 더 계속 유지하고 싶습니다. 저는 이미 그리스도의 뜻에 적합한 신문을 만들어 갈 계획을 모두 세워 놓았습니다. 비기독교적인 내용은 모두 삭제하고 예수님이 실으실 만한 기사들로만 채워진 재미있고 유익한 신문을 만들어 나가고 싶습니다."

2
주의 품으로

레이는 레이첼의 부탁으로 매주 토요일에 렉탱글의 집회에 참여했습니다. 그리고 술에 찌들어 살던 사람들이 점차 예수님께 열광적으로 기도하는 모습을 보며, 깊은 감동과 흥분을 경험했습니다. 그런데 더욱 놀라운 일이 일어났습니다. 호기심에 이끌려 렉탱글에 왔던 롤린 페이지가 매일같이 렉탱글 집회에 참여하기 시작한 것입니다. 처음에 레이첼은 롤린이 자신을 좋아해서 렉탱글 집회에 참여한다고 생각했습니다. 그러나 온 마음을 다해 기도하는 모습에서 결코 그런 의도를 찾아볼 수 없었습니다. 몰라보게 변한 롤린 페이지를 보며, 레이첼은 예수님의 놀라운 힘을 새삼 인정하지 않을 수 없었습니다. 그리고 곧이어 렉탱글의 거리도 예수님의 은총으로 가득할 거란 기대에 부풀었습니다. 그러나 렉탱글의 미래가 밝기만 한 것은 아니었습니다. 거리에는 술집들이 여전히 즐비했습니다.

토요일 오후, 그날도 레이는 버지니아와 레이첼과 함께 마차를 타고 렉탱글로 가고 있었습니다. 그런데 마차가 막 지저분한 술집 앞을 지날 때였습니다. 술집의 문이 확 열리더니 한 젊은 여자가 나동그라졌습니다. 순간 버지니아는 술에 취한 여인을 보고 놀라지 않을 수 없었습니다. 그녀는 지난 집회 때, 버지니아 앞에 쓰러져 흐느꼈던 로린이라는 여인이었습니다. 버지니아는 황급히 마차에서 내려 길에 쓰러진 여인에게 달려갔습니다.

"로린, 괜찮아요? 로린!"

로린은 술에 몹시 취해 몸조차 가누지 못했습니다.

"레이첼! 난 오늘 집회에 참석하지 못할 것 같아. 로린을 우리 집으로 데려가야겠어. 어서들 가."

버지니아가 로린을 부축해 집으로 들어설 때, 그녀의 할머니는 거실에서 책을 읽고 있었습니다.

"맙소사! 이 더러운 차림의 여자는 누구니?"

할머니는 로린을 보고 크게 놀랐습니다. 버지니아는 당당히 말했습니다.

"로린이라고, 렉탱글에 사는 저의 친구예요. 당분간 우리 집에 머물 거예요."

"뭐? 지금 이 천한 여자가 너의 친구라고 했니?"

"우리와 같은 하나님의 자식이죠."

할머니는 큰 충격을 받은 듯, 잠시 말을 잇지 못했습니다. 그리고 무척이나 화난 표정으로 버지니아를 다그쳤습니다.

"이런 여자를 집에 들였다는 소문이 나면, 사교계에서 우리 집안의 명성이 땅에 떨어지고 말 거다. 이 여자를 보호 시설에 보내는 것이 어떻겠니?"

할머니는 평판이 나빠지는 것을 두려워하고 있었습니다.

"할머니는 남의 눈만 의식하고 마음의 눈은 의식하지 않으시는 것 같아요. 남들이 뭐라고 하든, 전 이 여인을 우리 집에 머물도록 할 거예요. 예수님이라도 그렇게 하셨을 테니까요. 그리고 이 집의 주인은 저예요."

버지니아는 그만 할머니의 마음을 상하게 할 말을 내뱉고 말았습니다. 할머니는 크게 노하며 말했습니다.

"그래. 이 집은 네 소유지. 그렇다면 난 이 집을 나가겠다."

할머니는 방으로 들어가 버렸습니다. 그제야 버지니아는 자신이 너무 심한 말을 했다는 것을 깨달았습니다. 할머니는 어디든 갈 데가 많았지만, 로린은 그렇지 않았습니다. 버지니아는 로

린을 따뜻한 방으로 옮기고 편히 쉬게 했습니다.

로린의 잠자리를 마련하고 내려왔을 때, 할머니의 모습이 보이지 않았습니다. 그리고 잠시 후, 오빠인 롤린 페이지가 외출에서 돌아왔습니다.

"오는 도중에 할머니를 만났는데, 몹시 화가 나셨더구나. 더 이상 이 집에 머물지 않겠다고 하시며 기차역으로 가셨어. 무슨 일이 있었니?"

버지니아는 조금 전 있었던 일을 말했습니다.

"오빠, 제가 잘못한 건가요?"

버지니아의 질문에 롤린은 고개를 가로저었습니다.

"할머니가 떠나신 것은 가슴 아프지만, 네 잘못은 아니라고 생각해. 예수님이라도 너처럼 하셨을 테니까. 나 역시 내 생활에서 '예수님이라면 어떻게 하실까?'를 생각하다 보니 참 많은 변화가 생기고 있단다."

오빠 롤린은 정말 전과는 전혀 다른 사람이 되어 있었습니다. 재벌 2세로 놀기 좋아하던 오빠가 아니었습니다. 그런 오빠가 버지니아는 너무나 자랑스러웠습니다. 그리고 두 남매는 밤을 새워 많은 대화를 나누었습니다. 두 남매가 이렇게 많은 대화를 나눈 것은 거의 처음 있는 일이었습니다.

예비 선거가 있던 일요일, 목사님을 포함하여 예수님의 발자취를 따르기로 한 사람들이 따로 모였습니다. 그런데 노먼 사장님의 표정에 근심이 가득했습니다. 신문사 운영이 생각보다 더 심각했던 것입니다.

"아무리 뛰어난 사업가라고 해도, 예수님의 입장에서 사업을 한다면 결코 이익을 남길 수는 없을 것입니다. 예수님의 길이 본래 희생의 길이었으니까요. 하지만 저는 이 사업을 좀 더 계속 유지하고 싶습니다. 저는 이미 그리스도의 뜻에 적합한 신문을 만들어 갈 계획을 모두 세워 놓았습니다. 비기독교적인 내용은 모두 삭제하고 예수님이 실으실 만한 기사들로만 채워진 재미있고 유익한 신문을 만들어 나가고 싶습니다."

노먼 사장님은 말을 하고 깊은 한숨을 내쉬었습니다. 자신이 구상한 사업대로 진행하려면 막대한 자금이 필요했기 때문이었습니다. 그런데 그의 이야기를 유심히 듣던 버지니아가 입을 열었습니다.

"사장님이 생각하신 사업을 완성하려면 얼마나 들까요?"

"50만 달러 정도가 소요될 것으로 보입니다."

"좋아요. 제가 그 돈을 투자하겠어요. 대신 조건이 있습니다."

"그, 그게 무엇입니까?"

"지금 가지고 계신 생각대로 변치 말고 신문사를 운영해 주세요. 저는 저의 재산 모두가 하나님의 것이란 사실을 이제야 깨달았습니다. 불의에 맞서 크리스천의 입장을 대변하는 데일리 뉴스를 위해서라면 얼마를 쓰더라도 아깝지 않습니다."

"오, 하나님 감사합니다!"

버지니아의 말에 노먼 사장님은 벅찬 감동을 감추지 못하고 기뻐했습니다.

그날, 그 자리에 있던 사람들은 그동안 자신들이 겪은 이야기를 사심 없이 풀어 놓았습니다. 철도 공작소 소장직을 버리고 비리를 고발했던 알렉산더 파워즈는 전신기사로 일하며 앞으로 있을 재판에 나갈 준비를 하고 있다고 했고, 몇몇 젊은이들도 정직하게 서약을 지키다가 직장에서 쫓겨났다고 말했습니다. 모두가 힘겨운 싸움을 하고 있었습니다.

마침내 투표의 결과를 기다리는 시간이 다가왔습니다. 목사님, 마쉬 학장님, 웨스트 박사님을 포함한 많은 사람들이 렉탱글의 집회로 모여들었습니다. 그런데 그곳에는 술집 허가를 지지

하는 업주, 상인 등도 있었습니다. 찬송가가 울려 퍼지고 그레이 전도사님의 설교가 이어지는 내내, 그들은 집회가 열리는 천막 주위로 팽팽한 신경전을 벌이고 있었습니다. 사람들이 웅성거리기 시작했습니다.

"2선거구와 3선거구의 개표 결과에 따르면, 술집 허가에 반대하는 쪽에서 더 많은 표가 나오고 있다고 합니다."

"오! 하나님, 감사합니다! 제발 이대로만 끝났으면!"

마쉬 학장님은 두 손을 모아 간절히 기도했습니다. 그런데 그 때, 별안간 돌멩이가 날아들었습니다. 선거가 불리해지는 듯하자, 흥분한 술집 허가 지지자들과 주정뱅이들이 폭도로 변해 난동을 벌인 것입니다.

"이곳은 위험합니다! 모두들 어서 피합시다. 아이와 여자들을 먼저 보호합시다."

위험을 직감한 맥스웰 목사님이 다급한 목소리로 외쳤습니다. 이후 레이첼, 버지니아, 레이는 남자들의 보호를 받으며 렉탱글의 좁은 골목으로 몸을 피했습니다. 그런데 폭도들이 레이첼 일행을 막아섰습니다.

"저 여자를 잡아라! 저 여자는 목소리로 사람들을 현혹시키는 마녀다."

폭도들은 몽둥이를 휘두르며 레이첼을 위협했습니다. 그런데 그때, 롤린 페이지가 폭도들 앞에 섰습니다. 그리고 레이첼 대신 폭도들에게 매를 맞았습니다.

"롤린 오빠!"

레이첼과 버지니아가 발을 동동 구르며 비명을 질렀습니다.

"그만하시오! 이것은 죄악이고 범죄요."

목사님과 마쉬 학장님 일행이 뒤따라왔지만 폭도들을 말릴 수는 없었습니다. 그런데 그때였습니다. 난데없이 로린이 버지니아에게로 달려들었습니다. 그리고 그와 동시에 로린은 어디선가 날아온 술병에 머리를 맞고 쓰러졌습니다. 놀란 버지니아는 로린의 머리를 감싸 안았습니다.

"괜찮아? 로린!"

로린은 어느새 의식을 잃어 가고 있었습니다. 버지니아의 눈물이 뺨 위에 떨어지자, 로린은 살며시 미소를 지어 주었습니다. 웨스트 박사가 달려와 로린의 상태를 살폈습니다. 그리고 잠시 뒤 탄식의 한마디를 내뱉었습니다.

"오, 하나님!"

마쉬 학장님은 울분에 찬 목소리로 외쳤습니다.

"그만두시오. 당신들은 사람을 죽였소!"

개표 결과, 술집 허가를 지지하는 쪽의 표가 더 많이 나오면서 레이먼드 시의 술집들은 계속 영업을 할 수 있게 되었습니다. 그리고 술집 허가를 반대하는 쪽이 승리하고 있다는 정보는 헛소문이었습니다. 성가를 부르던 레이첼은 노래 도중 감정에 복받쳐 노래를 멈췄고, 노먼 사장님은 더 많은 사람들에게 예수님의 정신을 알리지 못한 자신을 자책했습니다.

한편, 렉탱글도 크게 술렁이고 있었습니다. 특히 지난밤 세상을 떠난 로린에 대한 추모의 열기가 일어나고 있었습니다. 버지니아는 자신의 저택에서 로린의 장례를 치르려고 했으나, 렉탱글의 많은 사람들이 로린의 장례에 참석하고자 했습니다. 결국 상의 끝에 매일 집회가 열리고 있는 천막에서 많은 사람들이 보는 가운데 로린의 장례식이 엄숙하게 치러졌습니다.

레이는 용돈을 아껴 모아 두었던 돈으로 주일 학교에 나오는 제이콥을 위해 성경과 찬송가 책을 사서 선물했습니다. 예수님이라면 분명 그렇게 했을 것이라고 레이는 확신했습니다.

10
구원과 봉사

레이가 마차에 올라타서 본 버지니아의 얼굴은 너무나 수척했습니다. 로린의 죽음으로 상심이 이만저만이 아니었습니다.

"누나! 오늘 집회에 참석하실 수 있겠어요? 너무 많이 아파 보여요."

"레이! 난 괜찮아. 그나저나 레이는 언제 공부해서 1등까지 한 거야? 지난번 시험에서 1등 했다면서?"

"그냥 쪽지 시험이었어요. '예수님이라면 어떻게 하실까?'를 생각하면서 공부를 했더니 훨씬 공부가 재미있어졌어요. 덕분에 1등도 했고요."

잠시 후, 레이첼이 마차로 올라탔습니다.

"버지니아! 로린 일로 너의 마음이 약해지지 않았을까 걱정했어."

"그런 거라면 걱정 안 해도 돼. 난 이번 일을 계기로, 렉탱글의 불쌍한 여인들을 위해 돈을 투자할까 해. 우리 오빠도 많은 돈을 내놓기로 약속했어."

"넌 이미 지난번 데일리 뉴스의 노먼 사장님에게도 많은 돈을 투자했잖아."

레이첼이 걱정스러운 표정으로 물었습니다.

"하나님이 원하시는 곳에 쓰는 돈은 전혀 아깝지 않아."

버지니아의 눈빛에는 확신이 가득 차 있었습니다.

"오빠와 나는 렉탱글의 땅을 사들을 작정이야. 그리고 그곳에 가난하고 불쌍한 여성들이 머물 수 있는 공간을 마련해, 그들이 새로운 삶을 살 수 있도록 직업 교육소도 설치할 예정이야. 맞다, 너에게도 부탁할 것이 있어."

"부탁? 그게 뭔데? 말해 봐."

"지난번 장례식장에서 렉탱글의 여성들이 로린을 위해 노래를 불러 주는 모습을 봤지? 그들의 목소리에는 힘이 있었잖아. 만약 네가 그들의 노래를 다듬어 준다면, 세상을 바꾸는 훌륭한 화음이 될 거야."

"지금 나를 선생님으로 고용하겠다는 거야?"

"대신 지원은 확실히 해 줄게. 오르간도 최고급으로 마련해 주고."

레이첼은 가슴이 벅차오르는 것을 느꼈습니다. 레이첼은 감격한 듯 벌떡 일어나 두 팔로 버지니아를 껴안았습니다.

"정말 기쁘고 고마워."

버지니아와 레이첼을 바라보며 레이는 웃고 있었습니다. 세상에서 가장 아름다운 두 여인을 레이는 바라보고 있었습니다.

"그런데, 레이첼! 요즘 소설가 야스퍼 체이스는 어떻게 지내고 있을까?"

"글쎄, 아마 소설을 쓰고 있겠지."

레이첼은 무뚝뚝하게 답했습니다.

"어머, 너와 야스퍼는 특별한 관계였잖아. 그는 너를 주인공으로 소설을 썼었고, 너도 그런 야스퍼를 싫어하지 않는 눈치였는데."

"맞아. 나도 그를 사랑하고 있는 줄 알았어. 사실은 지난번 렉탱글에서 열렸던 집회 후에 그가 나에게 청혼을 했어. 그런데 거절했어."

"어머, 그가 너에게 청혼을 했다고? 그런데 왜 거절한 거니?"

"그에게서는 진실성이 느껴지지 않아. 그 역시도 예수님의 발자취를 따르겠다고 맹세했지만, 난 그가 진심으로 맹세했는지, 아니면 나의 환심을 얻기 위해 그랬는지 도무지 모르겠어. 나는 그를 좋아했다기보다 그의 작품을 좋아했던 것 같아."

레이첼의 마음에서 야스퍼 체이스는 더 이상 없는 듯 보였습니다. 문득 버지니아는 오빠와 레이첼이 혼인하게 된다면 어떨까 하는 생각이 들었습니다.

"요즘 우리 오빠는 그동안 다니던 클럽 친구들을 교화시키는 데 열중하고 있어. 어떻게 그렇게 사람이 변할 수 있는지, 정말 예수님께 감사해."

"내가 보기에도 변한 것 같아. 사실 롤린 오빠에게 미안해."

"왜?"

"언젠가 너희 집에서 저녁 먹고 가던 날, 네 오빠가 내게 청혼했었어. 그런데 롤린 오빠에게는 꿈이 없다면서 청혼을 거절했거든."

"그럼 네 말에 우리 오빠가 새사람이 된 건가?"

버지니아는 너무나 재미있다는 듯, 갑자기 활기에 차 있었습니다. 레이가 두 사람 사이에 끼어들었습니다.

"롤린 형과 레이첼 누나라면 잘 어울릴 것 같아요. 두 분이 다 멋지니까."

"레이! 너 못 하는 말이 없구나."

"저도 눈 있어요."

버지니아와 레이첼은 유쾌한 웃음을 웃었습니다. 레이는 로린을 잃어버린 버지니아의 상처를 잠시만이라도 잊게 해 주고 싶었습니다. 그날 렉탱글에서의 집회는 많은 사람들이 참석해서, 은혜를 받았습니다.

그로부터 두 달이 지났습니다. 그동안 레이먼드 시에는 많은 변화가 일어났습니다. 그레이 전도사는 전도 사업을 마치고 렉탱글을 떠났습니다. 렉탱글 주민 중에 많은 사람이 개심하여 기독교인이 되었지만, 반면에 술집과 도박장의 유혹을 못 이기고 본래의 어두운 삶으로 돌아가기도 했습니다.

한편, 매년 여름이 되면 맥스웰 목사님은 해외로 휴가를 떠나곤 했습니다. 그런데 이번 여름에는 휴가를 떠나지 않았습니다. 궁금해진 한 교인이 왜 떠나지 않냐고 물었습니다.

"나이를 먹으니 다른 곳으로 가는 것도 귀찮군요. 허허허."

그러나 목사님이 휴가를 가지 않은 이유는 따로 있었습니다.

우연히 렉탱글을 방문한 목사님은 비참하게 사는 한 가족을 목격했습니다. 이 가족의 가장은 이미 오래전에 실직한 상태로, 생활고에 못 이겨 자살을 시도하기도 했습니다. 그리고 이 가족에게는 젖먹이 아이를 포함해 네 명의 자녀가 있었는데, 그 중 한 명은 장애를 가지고 있었습니다. 이들 가족은 허드렛일로 겨우 끼니를 이어 가는 형편이었고, 렉탱글 밖에 한 번도 나가 본 적이 없었습니다.

목사님은 자신의 휴가를 반납하고, 대신 이 불쌍한 가족을 바다가 보이는 해변으로 안내했습니다. 그리고 다시 돌아온 목사님은 무더운 여름을 교회에서 보냈습니다. 하지만 목사님은 이 사실을 아내 외에 그 누구에게도 알리지 않았습니다. 예수님이라면 자신의 선행을 남에게 알리지 않으셨을 것이라고 생각했기 때문이었습니다. 그런 일은 레이에게도 있었습니다. 레이는 용돈을 아껴 모아 두었던 돈으로 주일 학교에 나오는 제이콥을 위해 성경과 찬송가 책을 사서 선물했습니다. 예수님이라면 분명 그렇게 했을 것이라고 레이는 확신했습니다.

"이곳은 참으로 무서운 곳이야. 겉으로는 화려해 보이지만, 도시 구석구석에는 배고픈 자들이 넘쳐 나지. 부유한 사람들은 그들을 동정한다고 말하면서도, 자신들이 운영하는 공장의 직원들에게 어떻게 하면 적은 봉급을 줄까 그것을 고민하지 않던가? 교회의 비싼 대리석과 그 앞에서 쭈그려 앉아 동냥하는 어린아이들. 도대체 이것이 진정 하나님이 꿈꾸시던 도시란 말인가?"

11

칼빈 브루스
목사님

딩동, 딩동, 딩동! 레이가 초인종 소리에 잠에서 깨어났습니다.

"누구지? 이 시간에."

레이는 몸을 뒤척이다 침대에서 일어나 아래층으로 내려갔습니다. 아빠와 엄마는 어디에 가셨는지 보이지 않았습니다. 레이는 계단을 내려가다 벽에 걸려 있는 시계를 보고 깜짝 놀랐습니다. 벌써 10시가 넘어 있었습니다.

"맙소사, 10시잖아! 요즘에 늦잠을 잔 적이 없었는데."

레이는 '예수님이라면 어떻게 하실까?' 하는 서약을 한 후, 늦잠을 자는 일이 거의 없었습니다. 일찍 자고 일찍 일어나는 습관을 들였기 때문이었습니다. 어제 저녁에는 책을 읽다가 평소보다 좀 늦게 잠자리에 들긴 했습니다. 하지만 아무리 그랬다고 해도 좀 심했다는 자책감이 들었습니다.

"누구세요?"

"나야, 제니퍼."

"어서 와. 내가 늦잠을 자고 말았어. 그런데 어쩐 일이야?"

"어쩐 일은, 네가 회장이 된 것을 축하해 주러 왔지."

제니퍼는 선물을 들고 거실로 들어오고, 레이는 차를 준비했습니다.

"목사님과 사모님은?"

"글쎄. 내가 너무 곤하게 잤나 봐. 나가시고 안 계시네."

레이와 제니퍼는 거실에 마주 앉아, '예수님이라면 어떻게 하실까?' 하는 문제를 놓고 이야기하기 시작했습니다.

"레이! 나만 그런 거니? 1년이 되어 가니까 좀 식어 가는 생각이 들고, 가끔 '예수님이라면 어떻게 하실까?' 하는 생각을 까먹는 거 있지?"

"나도 그럴 때 많아. 하지만 변화의 시기에는 새로운 다짐이 필요한 거 아닐까? 그래서 난 늘 기도하면서 예수님께 매달려. 매일매일 밥 먹듯이 말이야. 그러다 보면 깨닫게 되는 게 있는 것 같아."

"넌 그렇게 하고 있단 말이지?"

"응. 덕분에 행동을 바르게 하고, 공부도 잘하니까 자꾸 신이 나는 거야. '예수님이라면 어떻게 하실까?'를 생각한다는 것이 얼마나 근사한 일이니?"

겨울이 지나고, 맥스웰 목사님이 서약에 대해서 처음 말했던 1년이 다 되어 갈 무렵, 제일교회에서는 서약 1주년을 기념하는 조촐한 행사가 있었습니다. 행사에는 시카고 나사렛 애비뉴 교회의 칼빈 브루스 목사님이 참석했습니다. 그는 맥스웰 목사님의 신학교 동창이었습니다.

"자네가 지난 1년 동안 벌인 운동에 대해서는 익히 듣고 있었네. 그런데 오늘 이곳에 와 보니 정말 대단하구먼."
브루스 목사님은 감격에 겨운 표정으로 말했습니다.
"난 아직 아무것도 이루지 못했네. 레이먼드 시에는 여전히 술집이 즐비하고, 위선자와 술에 취한 술주정뱅이들도 넘쳐나고 있으니 말이야."
"그게 무슨 소린가? 난 이 정도면 대단하다고 생각하네. 그나저나 자네는 이 일을 계속할 작정인가?"
"처음 이 일을 시작했을 때, 1년이면 충분히 '예수님이라면 어떻게 하실까?'라는 질문에 답할 수 있을 것 같았네. 하지만 아직 부족한 게 많아."

"그렇다면 이제 어찌할 생각인가?"

"그것은 나보다 자네가 더 잘 알지 않은가? 그것이 바로 하나님께서 자네를 이곳에 인도한 이유 아닐까?"

브루스 목사님은 맥스웰 목사님의 말을 도무지 이해할 수가 없었습니다. 그러나 숙소로 돌아온 뒤, 그 말뜻을 알 수 있었습니다.

'맥스웰 목사는 자신이 시작한 서약 운동이 전국으로 파급되길 바라는 거야.'

맥스웰 목사님과 만나고 온 브루스 목사님이 나사렛 애비뉴 교회의 신도들에게 서약을 제안한 지도 어느덧 3개월이 지났습니다. 우려와 걱정도 있었지만, 많은 신도들이 브루스 목사님의 제안에 따라 예수님의 발자취를 따르기 시작했습니다. 특히 브루스 목사님과 절친한 에드워드 감독은 적극적으로 동참했습니다. 그러나 브루스 목사님은 아직 만족하지 못했습니다.

어느 날, 에드워드 감독이 브루스 목사님을 찾아왔습니다.

"내가 찾아온 것은 예수님의 발자취를 따르겠다는 내 서약을 제대로 지키지 못하는 것 같아 그걸 고백하려고 왔다네."

에드워드 감독의 말에 브루스 목사님은 깜짝 놀라며 말했습니다.

"에드워드! 나도 그 고민을 하고 있었다네. 예수님의 발자취를 따르겠다고 맹세했지만 여전히 나는 큰 교회의 목사로서 풍족하게 살고 있으니, 이것이 과연 '예수님이라면 어떻게 하실까?'에 대한 나의 답이 될 수 있겠나? 해서 나사렛 애비뉴 교회의 목사직을 사임하기로 결심했네."

에드워드 감독이 자리에서 벌떡 일어났습니다.

"정말인가? 그러고 보니 나 역시 고난과는 먼 삶을 살았지. 유명 여배우와 고급 레스토랑에서 식사를 하고, 훌륭한 미술품과 음악을 즐겼네. 그런 내가 교회에 와서는 예수님의 고난을 위대한 일이었다며 찬양해 왔으니, 도대체 이토록 죄스러운 삶이 어디 있단 말인가? 그리고 이곳은 참으로 무서운 곳이야. 겉으로는 화려해 보이지만, 도시 구석구석에는 배고픈 자들이 넘쳐 나지. 부유한 사람들은 그들을 동정한다고 말하면서도, 자신들이 운영하는 공장의 직원들에게 어떻게 하면 적은 봉급을 줄까 그것을 고민하지 않던가? 교회의 비싼 대리석과 그 앞에서 쭈그려 앉아 동냥하는 어린아이들. 도대체 이것이 진정 하나님이 꿈꾸시던 도시란 말인가?"

감독의 말에 브루스 목사님은 말없이 고개를 끄덕였습니다.

그날 이후, 브루스 목사님은 교회를 사임했고, 두 사람은 예수님의 발자취를 따르기 위해 바삐 움직였습니다. 그동안 모아 온 재산을 정리해 거액의 자금을 마련했고, 빈민굴 한가운데에 있던 양조장 건물을 개조해 빈민들을 구제하기 위한 인보회관을 세웠습니다.

비록 창고를 개조한 건물이었지만, 주변의 허름한 빈민가 주택들에 비한다면 제법 근사한 자태를 뽐내고 있었습니다. 그러나 인보회관 주변에는 술집이 많았습니다. 브루스 목사님은 에드워드 감독에게 물었습니다.

"혹시 이 주변 건물의 소유주가 누구인지 아는가? 그에게 더 이상 술집 장사를 하는 사람들에게 세를 놓지 말라고 하는 것이 어떻겠나?"

감독은 곧바로 인보회관 주변 건물의 소유주가 누구인지 수소

문했습니다. 그리고 며칠 뒤, 인보회관 주변 건물의 소유주인 클레이톤과 만났습니다.

"단도직입적으로 묻겠습니다. 인보회관 주변 건물에 술집 영업을 할 수 있게 세놓은 것이 옳은 일이라고 생각하십니까?"

브루스 목사님이 묻자, 인보회관 주변 건물의 소유주인 클레이톤의 얼굴은 금세 창백해졌습니다. 그리고 고개를 푹 숙이더니 눈물을 흘렸습니다.

"목사님, 저 역시도 서약을 한 사람 중에 한 명입니다. 그리고 이 문제로 제가 얼마나 괴로워했는지 아십니까? 저 역시도 예수님이라면 술집 영업을 하는 사람들에게 건물을 임대해 주지 않으시리라 생각하고 있었습니다. 하지만 건물에서 나오는 막대한 임대료의 유혹을 떨쳐 버릴 수 없었습니다."

클레이톤은 진심으로 자신을 반성하고 있었습니다. 브루스 목사님은 더 이상 아무 말도 하지 않고 클레이톤의 손을 잡아 주었습니다.

그런데 클레이톤을 만나고 온 지 한 달 후, 놀랄 만한 일이 일어났습니다. 인보회관 주변, 클레이톤의 소유로 되어 있는 건물에 있던 술집들이 모두 문을 닫은 것입니다.

그런데 놀라운 일은 여기서 그치지 않았습니다.

"인보회관 주변 건물을 모두 목사님과 감독님께 헌납하고자 합니다. 부디 두 분이 하시는 일에 뜻깊게 사용해 주시기 바랍니다."

클레이톤은 여러 채의 건물들을 헌납했습니다. 브루스 목사님과 에드워드 감독은 기꺼이 하나님이 원하시는 도시를 만드는 데 쓰겠다고 약속했습니다.

"아마 제가 서약을 하지 않았으면 예전처럼 대충대충, 아무 생각 없이 학교를 다니고 건성건성 하루를 보냈을 거예요. 그러나 서약을 한 후, 진리를 깨닫기 위해 성경책을 읽게 되었고, 하루하루 매일매일을 하나님과 함께하면서 그분의 인도하심을 깨달을 수 있었어요."

12

그리스도의 세상

레이가 학교에서 돌아왔을 때, 거실 탁자 위에는 여행 가방이 준비되어 있었습니다. 열어 놓은 창문으로 선선한 가을바람이 불어왔습니다.

"아빠! 어디 가세요?"

"시카고에 계시는 브루스 목사님의 초청을 받고 다녀오려고 한단다. 그런데 레이, 가방에 바윗덩어리라도 넣고 다니는 게냐? 꽤 무거워 보이는구나."

"아, 수업이 끝난 후에 공공 도서관에 가서 보고싶은 책을 몇 권 빌렸어요."

"그래, 잘했다. 책이야말로 지상에서 가장 훌륭한 양식이지. 난 네가 시간이 나든 안 나든, 책을 손에서 놓지 말라고 당부하고 싶었는데, 아빠가 말하기도 전에 책을 좋아하다니 정말 기특하구나."

맥스웰 목사님은 기쁜 내색을 감추지 못하며 칭찬의 말을 계속했습니다.

"레이, '예수님이라면 어떻게 하실까?'의 서약대로 실천을 하면서 넌 뭘 느끼게 되었는지 말해 주겠니?"

"아마 제가 서약을 하지 않았으면 예전처럼 대충대충, 아무 생각 없이 학교를 다니고 건성건성 하루를 보냈을 거예요. 그러나 서약을 한 후, 진리를 깨닫기 위해 성경책을 읽게 되었고, 하루하루 매일매일을 하나님과 함께하면서 그분의 인도하심을 깨달을 수 있었어요."

목사님은 놀라기도 하고 어리둥절한 표정으로 레이를 바라보았습니다. 그러다 얼굴에 은은한 미소가 번졌습니다. 그때 어머니가 재촉을 했습니다.

"부자지간의 이야기는 시카고에 다녀와서 하세요. 약속 시간이 다 됐어요."

"벌써 시간이 그렇게 됐나? 레이, 아빠 다녀오마."

목사님은 메어리와 레이의 배웅을 받으며 집을 나섰습니다. 시카고에 있는 브루스 목사님의 초청장을 받은 사람은 목사님과 함께 알렉산더 파워즈, 레이첼 윈슬로우, 버지니아 페이지 그리고 마쉬 학장 등이었습니다.

그날 밤, 시카고에 있는 인보회관에는 많은 사람들이 모여들었습니다. 그중에는 실직자, 무신론자, 사회 운동가 등 다양한 부류의 사람들이 있었습니다.

입구에는 '예수님이라면 어떻게 하실까?'라는 표어가 붙어 있었습니다. 맥스웰 목사님은 표어를 보자 말로 표현할 수 없는 감동을 받았습니다.

맥스웰 목사님은 많은 사람들 앞에 서서 설교를 시작했습니다. 설교 주제는 '예수님이라면 어떻게 하실까?'에 대한 문제였습니다. 브루스 목사님의 주장으로 이미 시카고 일대에서도 벌어지고 있는 서약 운동인지라, 사람들은 관심 있게 맥스웰 목사님의 설교를 경청했습니다.

"이제 자유 발언 시간을 갖도록 하겠습니다. 이야기를 하고 싶은 분이 계시면 손을 들고 앞으로 나와서 말씀해 주시기 바랍니다."

목사님의 말에, 사람들이 여기저기서 저마다 한 마디씩 하기 시작했습니다.

"목사님의 설교를 감명 깊게 들었습니다. 먼저 목사님께서는 기독교인들의 희생을 강조하셨습니다. 하지만 지금까지의 경험에 비추어 보면 세속적인 욕망을 추구하는 데 있어서는 기독교인과 비기독교인들의 차이는 없는 것 같습니다. 목사님은 목사님 댁에서 숨을 거둔 '잭 매닝'을 기억하실 겁니다. 저 역시도 그와 같은 인쇄 일을 하다가 새로운 인쇄 기술이 발명되면서 직장을 잃고 지금까지 떠돌고 있습니다. 사람들은 발명이 좋은 것이라 말합니다. 그리고 그런 부류의 사람들 중에는 기독교인들도 아주 많습니다. 하지만 그들은 저희처럼 희생되는 사람들에 대해서는 생각하지 않습니다."

첫 번째 발언자로 나선 사람의 말이 끝나자 곳곳에서 "옳소!"라는 소리가 터져 나왔고, 박수 소리도 들렸습니다. 그리고 한꺼번에 여러 사람이 자신에게도 발언권을 달라고 소리쳤습니다.

"자, 한 사람씩 말씀하셔야 합니다. 저기 저분."

"저에게는 아내와 세 자녀가 있습니다. 그러나 아직까지 저는 일자리를 구하지 못하고 여기저기를 떠돌고 있습니다. 물론 제가 쉽고 편한 직장을 구하려는 것은 아닙니다. 10시간을 일하더라도 일을 할 수만 있다면 무슨 일이든 할 것입니다. 그런 제가 일자리를 구하지 못하는 것이 과연 저의 불찰인가요? 만약 이럴 때 예수님이라면 어떻게 하실까요?"

맥스웰 목사님은 얼굴이 화끈거리는 것을 느꼈습니다. 복잡하게 얽힌 사회 모순 속에서 목사님이 해 줄 수 있는 말이 없는 게 안타까웠습니다. 많은 사람들이 목사님의 입에서 해결책이 나오기를 기대하는 가운데, 맥스웰 목사님이 오랜 침묵을 깨고 입을 열었습니다.

"이 강당에서 저분과 같이 어려운 처지에 있으면서도 예수님의 발자취를 따르고자 애쓰신 분이 계십니까? 그분이라면 저보다 더 좋은 대답을 해 드릴 수 있을 것 같습니다."

사람들은 여기저기서 웅성거리기 시작했습니다. 그런데 그때, 백발이 성성한 노인 한 명이 자리에서 일어났습니다.

"저 또한 힘들고 고단한 삶을 살았습니다. 직장을 얻지 못했을 때는 거리에서 구걸도 하고 자선 단체를 찾기도 했지요. 하지만 저는 기독교인으로서 예수님의 가르침대로 살고자 애썼습니다. 굶어 죽는 한이 있더라도 저는 결코 거짓말이나 도둑질을 하지 않았습니다. 하지만 그뿐이었습니다. 저의 처지에서 다른 할 수 있는 일은 없었습니다."

노인의 말이 끝나자마자, 흥분한 한 남성이 벌떡 일어나 고래 고래 소리 지르며 자신의 의견을 말하기 시작했습니다.

"우리 사회는 온통 잘못투성이입니다. 말은 저렇게 해도, 저 노인에게는 예수님의 가르침보다는 가족들의 생계가 더 우선이었을 겁니다. 예전보다 문명이 더 발전했지만, 굶어 죽는 사람은 오히려 더 늘어만 가고 있습니다. 기독교인들도 마찬가지입니다. 밖에서는 온갖 사치와 쾌락을 누리다가 일요일만 되면 교회에 나와 예수님에게 모든 것을 바치고 십자가를 지고 언제나 예수님을 따라 구원을 받겠다고 말합니다. 이제 교회도 어쩔 수 없습니다."

그 남자는 사회주의 운동가 칼센이란 사람이었습니다. 칼센의 발언이 있자, 여기저기서 사회 모순에 대한 자기 목소리를 내기 시작했습니다.

"세금 제도를 확 뜯어고쳐야만 합니다."

"교회와 목사들이 먼저 반성하고, 지금의 복음주의적 교회 조직을 뜯어고쳐야만 합니다."

"노동자들을 착취하는 기업가들은 각성해야만 합니다. 하지만 교회와 기업가들은 모두 한통속입니다. 이 문제를 해결할 유일한 방법은 바로 노동 운동을 하는 것입니다."

그 밖에도 다양한 의견이 쏟아졌습니다. 때로는 문제와 상관없는 의견도 나왔지만, 목사님은 모든 의견을 수렴하면서 메모지에 또박또박 기록했습니다.

그리고 속으로 기도했습니다.

'오, 하나님! 이들의 물음이야말로 인간 사회의 모든 것이 엉겨 인류의 행복을 위한 하나님의 뜻에 충돌을 일으키는 물음입니다. 몸 건강하고 일할 의욕이 있는 남자가 일할 곳이 없어 구걸을 하거나 이웃의 자선에 매달리거나, 자살 아니면 굶어 죽어야 한다는 이 현실보다 더 비참한 현실은 없습니다. 예수님께서는 과연 어떻게 하시겠습니까?'

맥스웰 목사님은 깊이 생각했습니다. 그런데 다른 사람들도 같은 생각을 하고 있었습니다. 에드워드 감독의 굳은 자세와 슬픈 표정은 그가 그런 질문에 얼마나 강하게 자극을 받았는가를 말해 주고 있었습니다. 브루스 목사님도 고개를 숙이고 있었습니다. 그로서는 교회를 떠나 인보사업에 착수한 이래 그보다 더 절실한 문제에 부딪쳐 본 적이 없었던 것 같았습니다.

자유 발언 시간이 끝나자, 레이첼이 사람들 앞에 나와 성가를 불렀습니다. 렉탱글에서 그랬던 것처럼, 레이첼의 노래는 사람들의 영혼을 정화시켜 주었습니다.

'오늘 밤, 회관에 그 모습을 드러낸 인간의 문제에 대해 과연 기독교인은 얼마나 책임을 회피하며 왔는가?'

헨리 맥스웰 목사님은 이 질문에 대해, 홀로 사막에 던져진 듯 막막하기만 했습니다. 도대체 어디서부터 어떻게 풀어야 할지 알 수 없는 문제였습니다.

그날 밤, 맥스웰 목사님은 잠자리에 들기 전에 무릎을 꿇고 전에 없는 간절한 심정으로 이 나라와 교회의 영적 세례를 위해 기도했습니다. 그리고 기독교인들이 나아갈 방향과 자신이 시작한 서약 운동의 미래에 대해 기도했습니다. 시카고의 밤을 거의 새우다시피 하면서 기도에 전심을 바쳤습니다. 그의 일생에 그보다 더 심한 영혼의 씨름은 없었습니다.

'그렇다면 교회는 주님을 위해 스스로 고난 받을 각오가 되어 있을까?'

레이먼드에서의 여러 강렬한 체험 속에서도 맥스웰 목사님은 그처럼 간절했던 적은 없었습니다. 그는 또 다른 체험 속에 있었습니다.

주일 아침이 되자, 맥스웰 목사님은 자신을 초청한 교회로 갔습니다. 교회는 거대하고 웅장했으며, 예배당에는 고급스러운 복장의 인사들로 즐비했습니다. 그러나 맥스웰 목사님은 전혀 위축되지 않았습니다. 성령께서 함께하시므로 그에게는 담대함이 있었습니다. 강대상 앞에 선 맥스웰 목사님은 성경 구절을 인용하면서 설교를 시작했습니다. 부흥 강사는 아니었지만 예수님의 발자취를 따르겠다는 서약을 한 다음부터는 그의 메시지가 설득력을 갖기 시작했습니다.

"예수님이 말씀하시길, '가진 것을 모두 팔아 가난한 사람에게 나누어 주어라. 그리하면 네가 하늘에서 보화를 얻게 될 것이다. 그리고 와서 나를 따르라.'고 말씀하셨습니다. 그런데 오늘날 교회가 물질적인 손해를 피하고 일시적인 이익을 얻기 위해 예수님의 발자취를 따르지 않으려 한다는 말이 사실인지요? 지난주 인보회관에서 열린 모임에서 한 노동 운동가는 교회에서 사회 개혁이나 구원을 얻는다는 것은 불가능한 일이라고 주장했습니다. 교회 신자들의 대부분은 어려운 사람을 돌보기보다는 자기의 안위에 더 신경을 쓴다고 하더군요. 진정 이 말이 사실입니까? 만약 예수님이라도 그리하셨을까요? 이 도시에는 많은 기독교인들이 있습니다. 그러나 도시 곳곳에는 가난에 신음하는 사람들이 넘쳐 나고 있습니다. 만약 이 도시에 있는 모든 기독교인들이 한결같이 힘을 합쳐 예수님의 발자취를 따르고자 노력한다면 어떤 결과가 나올까요? 예수님께서는 '누구든지 자기 소유를 다 버리지 않으면 내 제자가 될 수 없다.'고 말씀하셨습니다. 만약 예수님의 말씀대로 모든 기독교인들이 예수님의 발자취를 따른다면, 부자는 살찌고 가난한 사람들은 죽어 가는 이런 모순은 나타나지 않을 것입니다. 혹자는 자신이 기독교인으로서 할 의무를 다 했다고 말합니다. 그런데 기독교인들의 의무가 과연 무엇입니까? 수백만 달러의 자산가가 고작 1만 달러를 기부했다고 해서 진정 예수님의 십자가를 대신 지었다고 말할 수 있을까요? 참된 기독교인이라면 희생을 두려워해서는 안 됩니다. 이제 우리는 참된 기독교 정신을 굳건히 세워야 합니다. 거짓된 기독교인이 아닌 참된 기독교인이 되어야만 합니다. 그리고 그 방법은 예수님의 행적을 따르는 것뿐입니다."

맥스웰 목사님의 설교가 끝나자, 교회 안에는 무거운 침묵이 감돌았습니다. 목사님의 눈은 알 수 없는 신비한 빛을 띠고 있었습니다. 사람들은 그 눈의 뜻을 미처 이해하지 못했으나 잊을 수는 없었습니다. 그 자리에 앉아 있는 수백 명의 신도야말로 지탄했던 가짜 기독교인들이 다름 아닌 자신들이라 여기고 있었습니다. 이름만이 기독교도로서 만족하면서 안일하고 태평스럽게 살아왔던 것입니다. 잠시 후, 놀라운 광경이 펼쳐졌습니다. 몇몇 신도들이 자리에서 일어나더니 맥스웰 목사님에게로 몰려들었습니다.

"목사님, 왜 저희에게는 서약을 제의하지 않으시는 겁니까? 저희도 서약을 하게 해 주십시오."

레이먼드에서 일어났던 기적이 다시 재현되고 있었습니다. 예상치 못한 신도들의 모습에 감격한 맥스웰 목사님은 그 자리에서 무릎을 꿇고 서약을 맹세한 신도들과 함께 감사의 기도를 올렸습니다.

'감사합니다, 하나님! 아직 우리에게는 희망이 있습니다. 죄 지은 백성들이 모두 구원을 받을 날이 멀지 않았습니다.'

그날 밤, 숙소로 돌아온 맥스웰 목사님은 여느 때처럼 감사의 기도로 하루를 마무리하고자 했습니다. 그런데 기도 중에 놀라운 일이 일어났습니다. 앞으로 펼쳐질 미래의 모습이 생생하게 그려진 것입니다. 그는 분명 깨어 있었으나 눈앞에 보이는 것은 장차 있음직한 장면들이었습니다. 그것은 그의 깊은 곳에 잠재되어 있는 소망들이 비친 것 같기도 했습니다. 처음 본 것은 자기 자신의 모습이었습니다. 레이먼드의 제일교회 목사로서의 그의 앞길은 생각보다 더 험난했습니다. 예수님과 그분의 행적에 반대하고 나서는 사람들의 세력이 점점 확장되었습니다. 하지만 그는 꿋꿋이 이를 이겨 냈으며, 마침내 '내 은혜가 네게 충족하다.'라는 음성이 생생하게 들려왔습니다. 그것은 성령의 목소리였습니다.

그 다음으로는 레이첼과 버지니아가 렉탱글에서의 봉사사업을 계속하면서 레이먼드를 벗어나 도움의 손길을 펼치는 모습이었습니다. 또한 롤린 페이지가 결혼하는 모습도 보였습니다. 부부는 완벽한 동반자가 되어 예수님의 발자취를 함께 밟아 나갔습니다. 마쉬 학장은 막강한 영향력을 발휘하여 레이먼드 시를 정화해 나갔으며 학생들에게는 참된 봉사 정신을 가르쳤습니다. 알렉산더 파워즈는 비록 전보다 어려운 생활을 해 나갔지만, 그런 가운데서도 자신이 맹세한 서약을 지키며 모범된 삶을 살고 있었습니다.

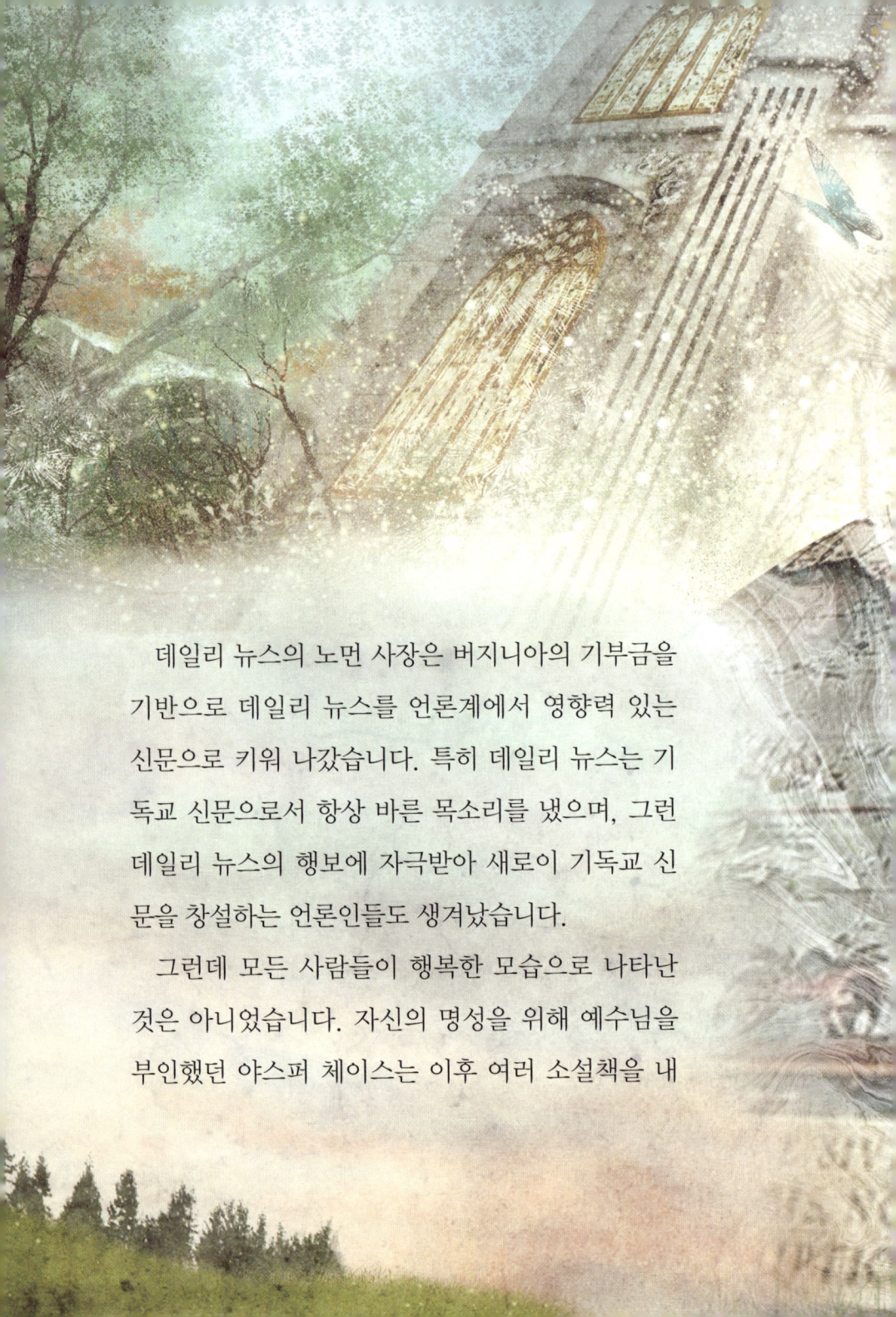

　데일리 뉴스의 노먼 사장은 버지니아의 기부금을 기반으로 데일리 뉴스를 언론계에서 영향력 있는 신문으로 키워 나갔습니다. 특히 데일리 뉴스는 기독교 신문으로서 항상 바른 목소리를 냈으며, 그런 데일리 뉴스의 행보에 자극받아 새로이 기독교 신문을 창설하는 언론인들도 생겨났습니다.

　그런데 모든 사람들이 행복한 모습으로 나타난 것은 아니었습니다. 자신의 명성을 위해 예수님을 부인했던 야스퍼 체이스는 이후 여러 소설책을 내

면서 성공하는 듯 보였지만, 행복해 보이지는 않았습니다. 예수님을 버리고 자신의 명성만을 추구한 결과였습니다.

브루스 목사님과 에드워드 감독은 인보회관 사업을 계속했습니다. 그들의 사업은 성공적이었으며, 인보회관에 들어온 사람들은 누구나 예수님의 발자취를 따르고 있었습니다. 그리고 이어 몰라볼 정도로 성장한 레이를 볼 수 있었습니다. 레이는 검은 눈동자를 빛내며 '예수님이라면 어떻게 하실까?'에 대한 설교를 하고 있었습니다. 그리고 이어 애국심을 고취시키고, 자기를 존경하고 따르는 청소년들에게 기독교적인 봉사 활동을 장려하고 있었습니다. 그런데 바로 그때였습니다. 갑자기 환상이 흔들렸습니다.

"오, 하나님. 부디 성령을 보여 주소서!"

맥스웰 목사님은 보다 간절히 기도를 했습니다. 그러자 다시 환상이 뚜렷해지면서, 장차 자기가 이뤄지기를 바라는 모습들이 영상으로 투영되기 시작했습니다. 제일교회에서 시작된 서약 운동이 전국적인 운동으로 확산되는 모습이 보였습니다. 그리고 '예수님이라면 어떻게 하실까?'라는 문구가 적힌 깃발을 들고 씩씩하게 행진하는 모습으로 화면이 전환되었습니다. 깃발을 든 청년들의 얼굴에는 고통을 기꺼이 감내하겠다는 표정이 뚜렷이 나타나 있었습니다. 그리고 이내 하나님의 아들이 나타나시어 맥스웰 목사님과 서약을 지킨 사람들을 손짓하며 부르시는 모습이 보였습니다.

'드디어 예언하신 대로 나타나셨군요. 오, 나의 주님이시여! 이 시대의 기독교 정신을 혁신시켜 주시고, 어디까지나 당신의 발자취를 충실히 따를 수 있도록 도와주소서.'

마침내 천국의 일을 미리 목격한 뒤 맥스웰 목사님은 환상에서 깨어났습니다. 그리고 여전히 죄악과 비리가 넘치는 현실과 마주하게 되었습니다. 하지만 맥스웰 목사님은 이 세상이 그리스도의 세상이 될 것이란 사실을 더 이상 의심하지 않았습니다. 그리고 그날 밤, 천국의 모습은 맥스웰 목사님의 꿈속에서 다시 그려지고 있었습니다.

"예수님이라면 어떻게 하실까?"
우리가 예수님처럼 생각하고
예수님처럼 행동할 수만 있다면……

예수님처럼 생각하고 예수님처럼 행동해 봐요

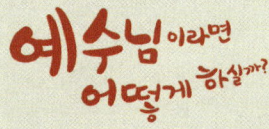

초판 1쇄 인쇄 | 2011년 12월 10일
초판 2쇄 발행 | 2021년 8월 30일

원작 | 찰스 M. 셸던
엮음 | 주경희
그림 | 이미정

펴낸이 | 박종태
펴낸곳 | 몽당연필
출판등록 | 2004년 4월 29일 (제2004-42)

함께 만든 이들 | 강한덕 정문구 정광석
　　　　　　　　박상진 김경진 이나리 김태영 박현석
　　　　　　　　김신근 박다혜 강지선

주소 | 경기도 고양시 일산서구 송산로 499-10
전화 | (031) 907-3927
팩스 | (031) 905-3927

디자인 | 손수연_nosoos@naver.com
인쇄 및 제본 | 예림인쇄/예림 바인딩

공급처 | (주)비전북
전화 | (031) 907-3927
팩스 | (031) 905-3927

ISBN 978-89-89833-63-5　73230

• 잘못된 책은 바꾸어 드립니다.
• 값은 뒤표지에 있습니다.
• Printed in Korea

※ 몽당연필은 비전북, 바이블하우스, 비전C&F 와 함께 합니다.